of *the people*

지식 e⁸

by *the people*

for *the people*

EBS 지식채널e 지음

북하우스

prologue

신발을 신고 걸어온 기록

아직
아무것도 끝나지 않았고
아무것도 시작되지 않았다

처음 두 발을
혼자 힘으로 디딜 수 있게 되었을 때
어머니가 신겨준
첫 신발

세상은 많이 울퉁불퉁할 거야
다치지 않게
조심해서 걸어야 한다

신발을 신고
세상 밖으로 걸어나갔던
하루하루

익숙한 풍경을
낯선 주소로 바꾸고

어렴풋이 흐르는 기억을
정지된 날짜로 붙잡으며

울퉁불퉁한 세상 위에서
조금씩
때가 타고 닳아지던
무수한 발자국을
한 줄로 압축한다

누군가는 5cm쯤 위에서
누군가는 5cm쯤 아래에서
숫자들로 요약되는
내 삶의 높이

좋아하는 것과 잘하는 것 사이의
가깝고도 먼 거리

인형처럼
반듯한 표정으로
작은 칸 속에
나를 밀어 넣기

"어쨌거나 중요한 건
쉼 없이 걷는 것
공백 없이 채우는 것이다."

그러나
어떻게도 채워지지 않는
빈 칸
어디에도 기록할 수 없는
맨발의 시간

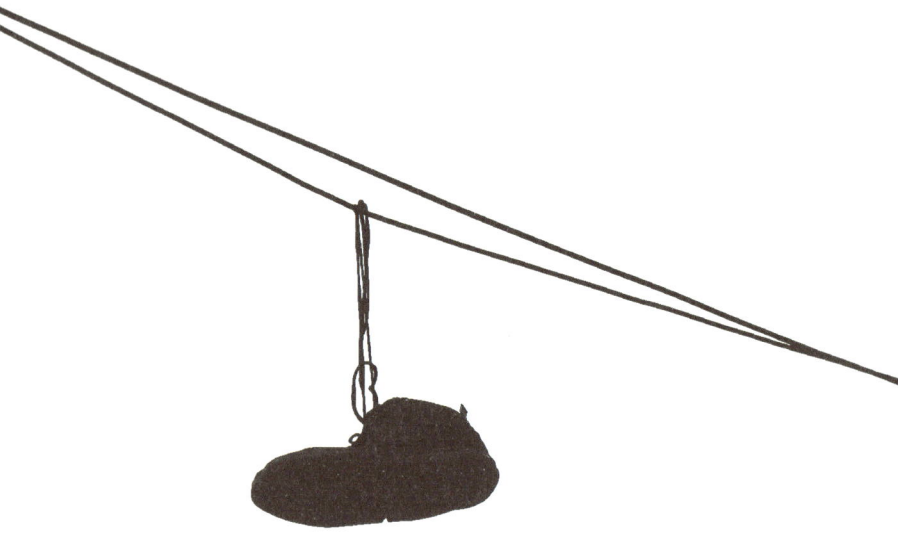

履 이
신발
歷 력
지나다
書 서
기록

누군가에겐 한평생의 기록
누군가에겐 한순간의 채점표

아직
아무것도 끝나지 않았고
아무것도 시작되지 않았다

contents

prologue 신발을 신고 걸어온 기록 4

01 흔해빠진 사람들 14
02 클럽 그 이상의 클럽 26
03 빅 브라더 40
04 폰지 씨의 기막힌 돈벌이 52
05 악법 혹은 관용 62
06 마요 광장의 어머니들 74
07 별종 잡지 86
08 내가 찍은 점 100
09 문제는 재미다 114
10 아미시 프로젝트 128

BY THE PEOPLE

- **11** 2파운드짜리 베스트셀러 *136*
- **12** 프로퍼블리카 *148*
- **13** 건축가 정기용 *160*
- **14** 소행성 94400 *170*
- **15** 자화상 *182*
- **16** 길 위의 정부 *194*
- **17** 대법원장의 말 *210*
- **18** 어머니의 고백 *222*
- **19** 마지막 30년 *234*
- **20** 국민의 집 *246*

FOR THE PEOPLE

- **21** 슈퍼맨의 비애 *256*
- **22** 가슴병 *262*
- **23** 남겨진 사람들 *274*
- **24** 무연사회 *286*
- **25** 사람이 되고저 *298*
- **26** Game Not Over *312*
- **27** 그 나라의 교과서 *324*
- **28** 동물의 눈을 가진 여자 *336*
- **29** 지구가 두꺼운 책이라면 *348*
- **30** 이상한 창문 *362*

흔해빠진 사람들

클럽 그 이상의 클럽

빅 브라더

폰지 씨의 기막힌 돈벌이

악법 혹은 관용

마요 광장의 어머니들

별종 잡지

내가 찍은 점

문제는 재미다

아미시 프로젝트

OF
THE
PEOPLE

of the people 01
흔해빠진 사람들

"세상을 바꾼 것은 구두공이다."

대장간처럼 시끄럽지 않고 거리를 향해 트인 작업장
바쁘게 손을 놀리는 동안 다른 동료가 읽어주는 책과 신문
묵묵히 일하면서 세상사에 밝은 사람들
하지만 수입은 품팔이보다 못한 하루 3프랑
아는 것은 넘치는데 늘 텅 빈 호주머니

'나는 그들에 관한
사소한 한 줄 기록까지 뒤졌다.'

프랑스 대혁명 당시 바스티유를 점령하다 체포된 사람 중 28명
영국 차티스트 운동 당시 참정권을 얻기 위해 투쟁한 노동자의 10%

역사의 현장마다
어김없이 모습을 드러내는 그들

"구두공이 세상을 바꿨다."

세상을 바꾼 사람들을 찾아
계속 되는 연구

세상을 바꾼 것은
농부다

세상을 바꾼 것은
주부다

세상을 바꾼 것은
광부다

세상을 바꾼 것은
목수다

세상을 바꾼 것은
직공이다

이름을 남길 수도 없고
남기지도 못한 흔해빠진 사람들

'아래로부터의 역사'를 기술한
최초의 역사가

그는 수백 년 동안의 역사를
민중에게 되돌려 주었다

― 가디언지

'평범한 사람들이 바꾼 역사'에
일생을 바친 아흔다섯 노학자가
자서전에 남긴 마지막 구절

"시대가 아무리 마음에 안 들더라도
아직은 포기해선 안 된다.
세상은 결코 저절로 좋아지지 않는다."

— 에릭 홉스봄 1917-2012

of the people 01 +
20세기 역사를 삶 위에 써내려간 학자

에릭 홉스봄Eric Hobsbawm은 "인류 역사상 가장 별스럽고 지독한 시기"를 살아낸 사람이었다. 러시아혁명이 발발한 1917년 이집트 알렉산드리아 유대인 중산층 가정에서 태어난 홉스봄은 제1차 세계대전이 끝난 후 가족과 함께 오스트리아 빈에 정착했다. 대공황 속에서 부모를 잃고 베를린의 친척집에 맡겨져 파시즘과 나치당이 형성되는 과정을 지켜보면서 일찌감치 반反자본주의 전선에 몸을 실었다. 14세에 사회주의 학생동맹에 가입해 선전물을 제작, 배포한 홉스봄은 훗날 "누구든 아돌프 히틀러의 부상을 직접 목격했다면 정치관에 영향을 받게 된다. 그 당시의 소년은 언제나 내 안에 있다"고 말하기도 했다. 1933년 나치를 피해 영국으로 이주했고, 1936년 소련 공산주의 지지자들이 결집해 있던 케임브리지 킹스칼리지에 입학하면서 마르크스주의 역사가로서의 노선을 걷기 시작했다.

독일의 문예비평가 발터 벤야민은 역사주의와 역사적 유물론자의 역사서술을 구분했다. 역사주의는 아무런 이론적 무기도 없고, 동질적이고 공허한 시간을 채우기 위해 '사실더미'를 모으기에 급급한 보편적 세계사를 기술한 반면 역사적 유물론자는 "그가 단자monad로서 마주하는 역사적 대상에 접근한다. …… 그로부터 하나

의 특정한 시기를 끄집어내기 위해서 과거를 인지한다."

역사적 유물론자로서 에릭 홉스봄은 역사주의에 대항하여 이탈리아의 비적, 영국의 제화공 등 주목받지 못한 민중을 역사주체로 삼았다. 그가 연구한 대상은 특정 노동가/집단이 아닌 노동계급 전체였고, 자본주의 형성과정과 인간의 다양한 삶에 근거하여 근대자본주의 사회의 역사를 총체적으로 조망했다. 『혁명의 시대』 『자본의 시대』 『제국의 시대』 등 이른바 '시대 3부작'은 그 결과물이다.

회개하지 않은 마지막 빨치산

1956년 헝가리 봉기와 1968년 체코 '프라하의 봄'을 소련이 유혈 진압하자 유럽의 공산주의자들은 하나둘 등을 돌리기 시작했다. 공산주의는 1989년 베를린 장벽이 붕괴되고 1991년 소련이 해체하면서 철저히 몰락했다. 그러나 홉스봄은 현실 사회주의의 몰락을 사회주의 체제의 몰락으로 연결짓지 않았다. 비록 소련의 헝가리 침공에 개탄하며 소련과, 소련에 의존하던 영국 공산당에 대한 기대는 접었을지언정, 공정사회를 만들기 위한 이상으로서 급진적 공산주의는 포기하지 않았다. 1991년 영국 공산당이 해체될 때까지 홉스봄이 당적을 유지한 것도 같은 이유였다. 1994년 BBC 인터뷰에서 "스탈린 치하 소련에서 수백만 명의 시민이 사망했더라도 진정한 공산사회 건설로 이어졌다면 그만한 가치가 있었을 것"이라고 말해 파장을 일으켰던 그는, 공산주의가 과거의 유산이 되고 자본주의가 유일한 대안으로 떠오른 시절에도 여전히 마르크스적 비판을 수행함으로써 '빨갱이 에릭' '스탈린의 치어리더' '회개하지 않은 공산주의자'라는 꼬리표를 얻었다.

2008년 미국발 금융위기에서 "무제한적인 경제성장을 제어할 필요가 갈수록 긴급해지는" 현실을 목도한 홉스봄은 스스로 '세계를 어떻게 바꿀 것인가'라는 질문을 던지고 (역시나) 마르크스를 해답으로 꺼내들었다. "자본주의의 전 세계적인 작동에 관해서 마르크스는 자본의 합리적 선택과 자유시장의 조절 메커니즘을 신봉하는 사람들보다 훨씬 더 통찰력 있는 길잡이인 것으로 판명되었"기 때문이다. 케케묵은 먼지를 떨어내고 『공산당 선언』을 정치적으로 다시 읽어낸 20세기 마지막 좌파 역사학자는 "다시 한번 마르크스를 진지하게 고려할 때가 왔다"고 단언했다.

지옥을 견디는 두 가지 방법

『르몽드 디플로마티크』프랑스판 발행인 세르주 알리미는 2011년 10월 '유럽 좌파, 숙명이 된 무기력'이라는 글을 썼다. 역사적으로 사회변혁을 고민하는 과정에서 탄생한 유럽의 좌파가 기존질서를 깨기 위한 전략을 놓고 분열되고 있는 현실을 비판한 이 글에서 알리미는, 자본주의가 최악의 위기를 맞고 있는 지금 유럽의 좌파들은 "당혹해하며 침묵을 지키거나 기껏해야 고장난 시스템을 보수하겠다는 약속에 머물고 있다"고 꼬집었다.

그동안 유럽의 좌파들은 '우파의 낙선'을 목적으로 전술적 투표를 역설하면서, 좌파의 선거 패배는 우파에게 자유주의적 '개혁'의 길을 열어주고 좌파는 새로운 정치를 실현할 '수단'을 잃게 될 것이라는 말을 반복했다. 하지만 막상 정권을 잡은 후에는 '현실론'을 앞세워 우파와 다를 바 없는 정책을 추진했다. 사회주의인터내셔널 의장이자 그리스 총리 게오르기오스 파판드레우가 국가부도를 앞두고 대대적인 민영화, 공공부문 인원감축 등을 해결책으로 내놓은 것처럼 말이다. 브라질 좌파정당들은 유럽 좌파가 "지나치게 자본주의화·미국화 되는 바람에 민중의 이익을 대변한다는 명분을 잃었다"고 비판하면서 "전 세계 좌파의 이데올로기적 지도력은 지리적으로(유럽이 아닌 남미로) 이동하고 있다"고 선언했다.

노동조합주의, 사회주의, 공산주의를 배태했으나 가장 먼저 그것의 소멸을 용인한 유럽이 "다시 한번 마르크스를 진지하게 고려할 때가 왔다"는 홉스봄의 유언을 수행할 수 있을지는 알 수 없다. 알리미는 "좌파는 이렇게 패배하는 것일까? 좌파 유권자와 활동가는 자유주의에 굴복했으면서도 선거에서는 헤게모니를 행사하는 동료들과 함께 우파에 맞서 싸울 수 있을까?"라고 묻는다. 이 질문은 유럽 좌파와 다른 맥락에서 위기에 처한 오늘날 한국의 좌파에게도 유효하다.

2000년 민주노총을 기반으로 창당해 2004년 좌파정당 최초로 원내의원에 진출한 민주노동당은, 2008년 심상정, 노회찬 등 PD계열 당원들이 이탈해 진보신당을 만들면서 내부 분쟁을 겪었다. 그러나 강기갑을 중심으로 당을 재정비하고 이정희를 대표로 선출한 민노당은 2011년 12월 5일 국민참여당과 진보신당에서 탈당한 새진보통합연대를 흡수하면서 통합진보당으로 거듭났다. 통진당은 2012년 4월 총선에서 의석 10개를 확보하는 등 선전했으나 비례대표 선출과정에서 불거진 비리의혹을 폭력적으로 해소하면서 또다시 분열되었다. 유시민, 심상정, 노회찬 등이 당을 떠나 진보정의당을 꾸렸고 통진당 앞에는 '종북주의'라는 수식어가 붙었다.

2008년 3월 창당한 진보신당은 2011년 민노당과의 '진보대통합'을 논의하는 과정 중 분열했다. 당대표 조승수와 심상정, 노회찬 등이 탈당해 새진보통합연대를 구성하자 진보신당은 『르몽드 디플로마티크』 한국판 편집장 홍세화가 대표직을 맡아 비상체제에 들어갔다. 국민참여당과 진보정당 일부가 통합한 결과를 '진보의 비극'이라고 규정한 진보신당은 2012년 사회당과 합당하고 총선을 치렀으나 의석 획득에 실패했다. 정당득표율도 등록취소 요건인 2%에 못 미치는 1.13%에 그쳐 진보신당의 정당등록은 취소되었다.

2012년 대선에서 좌파진영은 이정희, 김순자, 김소연 세 명의 후보를 냈다. 이 가운데 대선을 완주한 두 명의 후보는 무소속으로 출마해 합계 0.2%의 득표율을 기록했다. 사분오열된 좌파정당, 견고한 '종북' 프레임, 세 명의 후보 중 두 명을 무소속으로 내보낸 현실, 후보들의 빈약한 정책과 공허한 구호, 참담하게 떨어진 지지율에 사람들은 "보수는 부패로 망하고 진보는 분열로 망한다"는 말을 떠올리며 냉소적인 무기력에 빠졌다.

자서전 『미완의 시대』에서 에릭 홉스봄은 20세기 이탈리아의 가장 빼어난 작품으로 이탈로 칼비노의 『보이지 않는 도시들』을 꼽았다. 책 속에서 몽고 황제 쿠빌라이 칸에게 세계 곳곳을 탐험하며 보고 들은 이야기를 전하던 마르코 폴로는, 만약 일상이 지옥이라면 이를 견디는 방법은 두 가지뿐이라고 말한다. 하나는 스스로 지옥의 일부가 되는 것이다. 가장 쉬운 길이다. 다른 하나는 지난하고 고통스런 방법으로, 지옥의 한복판에서 지옥이 아닌 것을 찾아내는 것이다.

"우리는 자유주의적 권위주의 강화냐 자본주의 체제와의 단절이냐 하는 기로에 서 있다. 후자로 가는 길은 멀게만 보인다. 그러나 인민이 조작된 정치적 게임에 더이상 속지 않게 될 때, 자국 정부가 주권을 상실했다는 사실을 깨달을 때, 은행에 대한 통제를 요구할 때, 아직은 자신의 분노가 무엇을 해낼 수 있는지 알지 못한 채 거리로 나서기 시작할 때 좌파는 죽지 않았다고 말할 수 있으리라." 알리미의 비전은 이렇게 홉스봄과 맞닿는다.

+BOOK

미완의 시대
에릭 홉스봄 저, 이희재 역, 민음사, 2007.

'역사상 가장 별스러운 시대'를 살아낸 에릭 홉스봄의 자서전이다. 파란만장한 개인사를 정치와 역사, 사사로운 에피소드와 기억으로 정리해나갔다. 그 세월을 겪고도 희망을 놓지 않은 노학자의 의기가 옷깃을 여미게 한다.

공산당 선언
칼 마르크스·프리드리히 엥겔스 저, 강유원 역, 이론과실천, 2008.

"지금 하나의 유령이 유럽에 떠돌고 있다"는 유명한 글귀로 시작하는 마르크스주의 입문서다. 자본주의를 비판하고, 공산주의의 역사철학적·정치경제학적 의의를 기술하는 간결하고 통찰력 있는 문장이 새삼 탁월하다. 에릭 홉스봄이 손자녀들에게 권한 추천도서 세 권 중 한 권으로, 전하는 말에 따르면 『공산당 선언』을 이야기할 때 홉스봄의 눈빛이 유난히 빛났다고 한다.

of the people 02

클럽 그 이상의 클럽

"돈에 우리의 자부심을 팔 수 없다."

맨체스터 유나이티드 350억 원
첼시FC 240억 원

광고 계약금이 커질수록
올라가는 구단의 명성

그러나
"돈에 우리의 자부심을 팔 수 없다."

그들은 돈 대신 유니세프를 선택한다

그러나 계속된 적자

창단 후 처음으로
전 세계 프로구단 중 최고 금액인
약 400억 원에
유니폼 광고 계약을 체결한다

그 후 이어진 선수 영입

이브라히모비치 810억 원(2009년)
다비드 비야 569억 원(2010년)

왜 그들의 터무니없는 몸값에
우리의 돈을 써야 하나?

축구가 돈벌이 수단이 될 때마다 그들은 쓴소리를 했다

구단주의 독단적인 운영이 아닌
구단주만을 위한 수익창출이 아닌
17만 5,000명 조합원들의 공동소유

3대째 팬이라는 바르셀로나 청년부터
전前 로마 가톨릭 교황 요한 바오로2세까지
누구나 될 수 있는
FC바르셀로나 협동조합의 조합원

6년마다 반복되는 구단 회장 선출에 주어지는
조합원 한 명당 한 표의 의결권

매년 약 230억 원을 투자하는
전 세계에서 선발된
80여 명 유소년 축구선수 무료 교육

성장호르몬 결핍증을 앓던 13세의 메시를
세계적인 축구스타로 키운 것은
FC바르셀로나의 힘이었다

© Getty Images

"우리는 축구의 기술을 가르치는 것이 아니라 동료애와 우정, 헌신 등 축구의 가치를 가르친다. 그것이 바르셀로나의 축구 철학이다."

— FC바르셀로나 유소년아카데미 이반 비뇰 코치

조합원들이 운영하는
클럽 그 이상의 클럽
FC바르셀로나

세계 유일의 협동조합 축구팀

of the people 02 ⁺

세계 최초, 유일무이한 축구팀

　스페인 바르셀로나를 연고지로 삼는 FC바르셀로나는 1899년 호안 감페르Joan Gamper가 창단한 축구클럽이다. 협동조합 형태로 운영되는 세계 최초이자 유일한 축구팀으로, 회비 150유로만 내면 전 세계 누구나 2년간 조합원이 될 수 있다. 조합원은 FC바르셀로나 경기 입장권을 22% 할인가로 구매하고, 관중이 몰릴 경우 입장권 구입 우선권을 보장받는다. 가입 1년 이상, 나이 18세 이상인 조합원은 6년에 한 번 홈구장 캄프 누Camp Nou에서 열리는 회장 선거에 참여할 수 있다.

　FC바르셀로나의 숙적은 레알 마드리드다. 두 팀은 정치적·역사적·민족적 기반은 물론 선수 영입과 운영 방침에서도 대척된다. FC바르셀로나는 '칸테라cantera'를 통해 선수를 수급한다. 스페인어로 '채석장'이라는 뜻의 칸테라는 유소년 팀을 운영하면서 유망한 선수를 발굴하여 팀의 주력으로 길러내는 제도다. 어린 시절부터 호흡을 맞춘 선수들로 팀을 꾸리기 때문에 단단한 조직력을 구축하는 데 유리하다. 짧고 정확한 패스를 주고받으며 공을 점유하는 바르셀로나 특유의 플레이, '티키타카Tiki-Taka'의 동력이기도 하다. 2011년 현재 FC바르셀로나의 베스트11 가운데 리오넬 메시, 세스

크 파브레가스, 사비 에르난데스, 안드레스 이니에스타 등 절반 이상이 칸테라 출신이다. 반면 레알 마드리드는 '갈락티코galactico'를 고수한다. 스페인어로 '은하수'라는 뜻의 갈락티코는 외부에서 스타플레이어를 영입하는 제도다. 2000년 루이스 피구를 시작으로 지네딘 지단, 호나우두, 데이비드 베컴 등을 끌어오면서 '지구대표팀'이라는 별칭을 얻었던 레알 마드리드는 2009년 역대 최고 이적료 9,000만 유로를 지불하고 크리스티아누 호날두를 입단시켰다. 2011년 현재 레알 마드리드의 베스트11은 이케르 카시야스를 제외하고 모두 갈락티코 출신이다.

별들의 대리전쟁

일찍이 무역과 산업으로 번성했던 카탈루냐는 국세가 기울면서 18세기 에스파냐 왕국에 복속되었다. 이후 바르셀로나를 중심으로 꾸준히 분리·독립운동을 전개하여 1932년 자치권을 획득하지만, 1936년 스페인 제2공화국을 무너뜨린 프랑코 정권으로 인해 무위로 돌아간다. 3년 동안 스페인내전을 치르고 1939년 집권한 프랑

코 정권은 반反프랑코 전선의 선봉이었던 바르셀로나를 철저히 탄압했다. 카탈루냐의 자치권은 박탈되었고 고유의 언어와 관습, 문화는 전면 금지되었다. '카탈루냐의 심장' FC바르셀로나도 수난을 겪었다. 조합원들이 선출한 클럽 회장은 친親정부인사로 바뀌었고 로고에 박혀 있던 카탈루냐 국기도 삭제되었다. 카탈루냐어인 팀명(Futbol Club Barcelona)은 스페인어(Club de Fútbol Barcelona)로 교체되어, 1974년 프랑코 정권이 종식될 때까지 FC바르셀로나가 아닌 CF바르셀로나로 뛰어야 했다.

하여 FC바르셀로나와 레알 마드리드의 대결은 축구경기 이상의 함의를 지닌다. 카탈루냐의 수도이자 프랑코 파시즘 정권에 맞선 자유의 성지城地 바르셀로나와, 스페인의 수도이자 프랑코 정권의 근간이었던 마드리드, 이 두 지역을 연고로 하는 FC바르셀로나와 레알 마드리드의 격돌은 사실상 카탈루냐와 스페인의 대리전과 다름없다. FC바르셀로나의 슬로건이 'MES QUE UN CLUB'(클럽 그 이상)인 이유다.

'엘 클라시코El Clasico(전통의 경기)'는 FC바르셀로나와 레알 마드리드의 경기를 일컫는다. 2013년 시즌 마지막 엘 클라시코에서 레알 마드리드가 2연승을 거두며 역대 엘 클라시코 전적은 2013년 3월 현재 90승 48무 87패로 레알 마드리드가 근소하게 앞서고 있다. 한편 카탈루냐는 프랑코 사망 41년 후인 지난 2005년 자치권을 되찾았으나 분리·독립은 여전히 요원한 상황이다.

신자유주의의 새로운 대안

국제협동조합연맹에 따르면 협동조합은 "1)공동으로 소유하고 민주적으로 운영되는 사업체를 통해 2)공통의 경제·사회·문화적 필요와 욕구를 충족시키려는 사람들이 3)자발적으로 결성한 자율적인 인적결합체association"이다. 대기업의 압력과 중간상인의 농간을 배제하는 것이 주목적이며, 조직·운영원칙은 다음과 같다. 첫째, 사업목적이 영리에 있지 않고 경제적 약자 간의 상호부조에 있다. 둘째, 임의로 설립되며 조합원의 가입·탈퇴가 자유로워야 한다. 셋째, 조합원은 출자액이 많고 적음에 관계없이 일인일표一人一票의 평등한 의결권을 가진다. 넷째, 조합원에게 수익을 배분할 때는 출자액이 아니라 조합사업의 이용분량에 따른다.

무한경쟁을 강요하는 신자유주의 경제체제가 한계를 드러낸 오늘날 서구 선진국들은 자본주의의 대안으로 협동조합에 주목하고 있다. 이윤이 아닌 활동, 자본이 아닌 사람을 중심에 둔 협동조합이

고착상태에 빠진 세계경제의 돌파구가 될 것으로 전망하기 때문이다. 원주협동사회경제네트워크 김선기 사무국장은 "협동조합은 모든 영역에서 만들 수 있어서 일자리 창출이 가능하고, 배당을 제한하고 협동조합 간 협력으로 '밥'을 나눌 수 있어 불황에 강하다"고 주장한다. 실제로 2008년 글로벌 금융위기가 발생했을 때 전 세계 협동조합 은행들은 단 한 곳도 정부의 구제금융 지원을 받지 않았다. 이에 더해 김 사무국장은 "협동조합이야말로 만민이 평등하고 자유로우며 스스로 보호할 수 있는 사회를 만드는 유력한 수단이며 거대기업과 정부 사이에서 일반시민에게 남겨진 유일한 방안"이라고 강조한다. 이를테면 협동조합 조합원은 사업체의 필요자본을 조달하는 '출자자(주주)'이자 협동조합의 재화와 용역을 이용하는 '이용자(고객)'다. 주주이자 고객인 조합원은 이중적인 의미에서 기업체의 주인이며, 따라서 조합원은 사업체를 큰 틀에서 통제할 수 있는 의사결정권과, 성과가 생기면 나눌 수 있는 권한을 갖는다. 영리기업이 주주와 고객을 분리하고, 전문경영인을 도입하여 통제자도 분리하는 데 반해 협동조합은 이 모두를 통합한다. 유엔이 2012년을 '협동조합의 해'로 선언한 이유다. 당시 반기문 유엔사무총장은 "협동조합은 매우 독특하고 가치 있는 기업모델로 빈곤을 낮추고 일자리를 창출한다"면서 각국 정부가 협동조합 활성화에 동참해줄 것을 호소했다.

'경제민주화'가 화두인 한국도 2011년 12월 29일 협동조합기본법을 재개정하고 2012년 12월 1일부터 적용에 들어갔다. 농업, 수업 등 여덟 개 분야로 제한했던 협동조합 설립 범위를 신용·보험(공제)사업을 제외한 모든 분야로 확장했고, 300~1,000명이었던 조합원 규모도 5인 이상의 조합원만 있으면 누구나 자유롭게 설립할 수 있도록 바꾸었다. 오늘날 협동조합 형태로 운영되는 세계적인 기업(혹은 단체)은 FC바르셀로나, 썬키스트, AP통신 등이 있으며, 한국에서는 한살림, 서울우유, 성미산마을이 대표적이다.

돈으로 얼룩진 블라우그라나?

한국 협동조합운동의 기원은 일제시대로 거슬러 올라가지만 본격화된 시기는 1950~1960년대. 1950년대 농민들은 자발적으로 리동농업협동조합을 만들었고, 1960년 부산에 성가신용조합이 설립되면서 신용협동조합운동이 시작되었다. 원주의 '한살림운동'으로 대표되는 생활협동조합운동은 협동조합운동의 정체성을 재구성하면서 대안적인 협동경제를 구축했다. 현재 한국의 생활협동조합원은 60만 명을 넘어섰고, 법률과 정부지원 속에서 그 수는 더욱 늘어날 전망이다.

그러나 협동조합운동가 김기섭은, 오늘날 한국의 협동조합이 과연 자본주의의 대안이 될 수 있는지 의문을 제기한다. 그에 따르면 협동조합은 결사체이자 사업체로서 상생과 성장을 동시에 추구하는데, 한국의 협동조합은 결사체로서의 성격을 심각하게 이탈해서 경쟁력 강화, 소비자 주권 등의 시장자본주의 용어는 물론이고 주식회사의 성장·개발방식을 도입하고, 협동조합들끼리 바로 이웃에 매장을 여는 등 경쟁체제에 돌입했다는 것이다. 일례로 서민들이 상부상조하는 신용조합으로 발전하던 신용협동조합은 1980년대 접어들어 '자본주의적 경영합리화'를 앞세우면서 변질되기 시작했다. 인수합병을 통해 거대 금융기관으로 변모를 꾀했고, 그 결과 1997년 8월 조합원수 500만 명, 1,700개 지점까지 규모가 확장되었다.

그러나 거대화된 신용협동조합은 직후에 불어닥친 국제구제금융 아래 줄줄이 문을 닫았고 공적자금을 투입해 기사회생한 신용협동조합은 제2금융기관으로 제도화되었다. 자본/주의에 대항하여 지역공동체 복원, 사회 복원, 결사체로서의 성격강화 등을 주장했던 협동조합이 신자유주의를 통과하며 직면한 아이러니다.

FC바르셀로나는 창단 초기부터 유니폼 스폰서를 거부해왔다. "축구를 상업화할 수 없다"는 조합원들의 요구를 반영한 결정이었다. 텅 빈 블라우그라나(빨간색과 파란색 줄무늬의 홈 유니폼) 앞면에 기업 로고가 새겨진 것은 2006년에 이르러서다. FC바르셀로나는 5년간 유니세프 로고를 무상으로 부착하고, 에이즈퇴치와 치료를 위해 해마다 구단 수입의 0.7%(150만 달러)를 기부하겠다고 밝혔다. 상업주의를 배격한 FC바르셀로나의 숭고한 결정에 팬들은 환호했지만 스포츠마케팅 업계는 해석을 달리했다. 전문가들은 FC바르셀로나가 상업로고를 붙일 경우 발생할 수 있는 거부감을 최소화하기 위해 유니세프 로고를 '예방약'으로 처방했다고 분석했다. 갑작스러운 상업로고의 등장이 유발할 수 있는 시각적 거부감을 유니세프 로고라는 긍정적 필터로 흡수한 뒤에 부드럽게 다음 단계로 넘어가려 한다는 것이다. 과연 2010년 유니세프와 계약을 끝낸 FC바르셀로나는 "눈덩이처럼 불어나는 구단운영재정 부담"을 이유로 카타르 스포츠인베스트먼트와 계약을 맺고 카타르재단 로고를 유니폼에 새기기로 결정했다. 후원금은 5년간 1억

5,000만 유로(약 2,080억 원)로 사상 최고액이다. 그리고 2013년 3월 2일, FC바르셀로나 구단 역사상 처음으로 민간기업인 카타르항공과 3년간 유니폼 후원계약을 맺었다.

더 팀, FC바르셀로나
니시베 겐지 저, 김정환 역, 한스미디어, 2012.

세계 최강의 축구클럽 FC바르셀로나의 전술집이다. '점유율 축구' '티키타카' '크루이프즘' '제로톱' 등 축구팬이라면 한 번쯤 들어봤음직한 내용이 주를 이룬다. 역동적인 전술, 찰나의 움직임을 말과 그림으로 이해하기에는 한계가 있지만, 축구에 대한 안목을 넓힐 수 있다는 점에서 유의미하다.

깨어나라 협동조합
김기섭 저, 들녘, 2012.

'협동조합의 메카' 원주를 근거지로 20년 동안 국내 협동조합 현장을 누빈 저자가 설명하는 협동조합의 모든 것. 협동조합의 역사와 지향, 목적, 운영방침 등이 총망라돼 있다. 신자유주의의 새로운 대안으로 협동조합이 제시되면서 여기저기서 유토피아적 전망을 내놓고 있는 데 반해, 저자는 자본주의에 물든 협동조합 정신을 비판하며 경계를 당부한다.

of the people 03

빅 브라더

"대서양 연안 중부지역에
독감이 확산될 것이다."

2008년 2월 미국
"대서양 연안 중부지역에 독감이 확산될 것이다."

미국 질병통제센터보다
2주 빠르고 정확했던
한 웹사이트의 경고

구글 독감 트렌드Google Flu Trends가
전 세계 유행성 독감을
가장 먼저 감지할 수 있었던 이유

"독감 증세를 보이는 사람이 늘면
독감 관련 단어의 검색량도 증가한다."

일상화된
검색
클릭

하루 동안 발생하는 데이터양
2500000000000000000
250경 바이트
600MB크기 영화 39억 편 분량

"지난 2년 동안 생산된 정보는
인류 탄생 이후 생산된 정보량보다 많다."
—IBM(2011)

기존의 처리·분석 방법으로는
감당할 수 없을 만큼 쏟아지는
막대한 데이터

Big Data 빅 데이터

개인정보
사생활
관심사
파편처럼 흩어져 있는 데이터들을
통합·분석하면
막강한 위력을 발휘한다.

"미국의 모든 정부기관은
이제 빅 데이터 전략이 필요하다."
― 미국 대통령 과학기술자문위원회

2012년 대선 승리를 위해
'빅 데이터 팀'을 가동한
버락 오바마 선거본부

"테러와 범죄예방을 위해
개인의 디지털 통신기록을
실시간으로 감시해야 한다."

영국 정부가 추진 중인
'통신 데이터베이스 관리 법안'
Communications Data Bill

"만약 이 법안이 통과되고
권력이 빅 데이터를 악용한다면
빅 브라더가 나타날 우려가 있다."
— 빅 데이터 인사이트 그룹

빅 브라더
영국작가 조지 오웰의 『1984』에 나오는 감시자로
정보를 독점해 사회를 통제하는 지배권력을 말한다.

of the people 03 ＋
현실에서 시전되는 『마이너리티 리포트』

　빅 데이터big data는 데이터가 생성되는 주기와 양, 형식 등이 너무 커서 기존의 방법으로 수집·저장·검색·분석하기 어려운 방대한 데이터를 말한다. 소셜미디어의 성장과 모바일 장치의 확산으로 일상에서 다양한 종류의 데이터가 폭발적으로 늘어나면서 나타난 현상이다.

　미국 SF작가 필립 K. 딕의 단편소설 『마이너리티 리포트』의 미래에는, 예지자의 예지능력을 활용해 범죄를 사전에 방지하는 범죄예방국이 존재한다. 예방국은 실제 범행이 일어나기 일주일 전에 예비범죄자를 수용소에 감금시키고 중범발생률은 99.8% 감소한다. 필립 K. 딕이 인간행동을 예견하기 위해 초능력을 끌어왔다면, 오늘날 비슷한 작업을 수행하는 데 필요한 것은 빅 데이터와 분석기술뿐이다. 글로벌 정보솔루션 기업 EMC에 따르면, 2011년 생성·복제된 디지털 정보량은 1조 9,791억GB 이상이다. 빅 데이터 분석기술은 이렇게 무작위로 생겨나 흘러다니는 데이터를 미래를 예측할 수 있는 가치 있는 정보로 바꾼다. 실제로 미국 캘리포니아 주 샌타크루즈 경찰청은 지금까지 일어난 범죄유형과 발생장소, 범인의 특성 등을 분석해 범죄예측프로그램을 만들었다. 그 결과 범죄발생률은

27%나 줄었다.

　빅 데이터 분석을 통한 예측시스템은 거의 모든 분야에 응용 가능하다. 2008년 미국 대통령 선거에서 버락 오바마 대통령 후보는 다양한 형태의 유권자데이터베이스를 확보하고 이를 분석·활용한 '유권자 맞춤형 선거전략'으로 승리했다. 온라인서점이 구매고객들에게 제공하는 '추천상품' 서비스, 구글의 자동번역 기능, 프로야구의 '머니볼 이론'도 빅데이터 분석에 의거한 것이다. 철저히 분석한 경기데이터에 따라 선수들을 배치하여 승률을 높이는 머니볼 이론은, 미국 메이저리그 야구팀 오클랜드 어슬레틱스 구단장 빌리 빈이 열악한 재정상황을 데이터로 타개하며 최고의 성적을 거둔 데서 유래한다. 정보가 돈과 권력으로 환원되는 세기의 연금술을 목도한 세계경제포럼은 '2012년 떠오르는 10대 기술' 가운데 으뜸으로 빅데이터를 꼽았다.

데이터를 타고 흐르는 전체주의의 욕망

　2011년 11월 유엔총회에서 반기문 유엔사무총장은 "이 데이터들은 우리 사회에 대한 '신호'를 담고 있다. 이제 우리는 데이터들을 활용해 지금 무슨 일이 벌어지고, 또 상황이 어떻게 돌아가고 있는지 알아내야 한다"고 말했다. 과연 세계는 '정보의 바다'에서 공공안전을 높이고, 시민관계를 강화하고, 사회복지를 지원할 단서를 찾는다. 글로벌 비즈니스 분석 소프트웨어 기업 SAS가 최근 2년 동안 미국과 아일랜드에서 SNS 데이터를 조사한 결과, 특정 대화의 비중이 늘면 머지않아 실업률이 증가하는 것으로 확인되었다. 미국의 경우 '우울하다' '화난다'는 채팅이 늘면 넉 달 뒤 실업률이 폭등했다. 아일랜드는 실업률이 오르기 다섯 달 전에 '불안하다'는 내용이, 석 달 전에는 '혼란스럽다'는 채팅이 증가했다. 만약 빅 데이터 분석을 통해 이러한 징후를 미리 감지한다면 정부는 적절한 순간에 실질적인 정책을 내놓아 시민을 보호할 수 있다.

  빅 데이터의 무한한 가능성을 전망하는 장밋빛 청사진 속에서, 일각에서는 정부의 '보호 프로그램'과 기업이 제공하는 편리함을 개인정보와 맞바꾼 것이 아닌가 되묻는다. 빅 데이터를 소유하고 활용하는 주체가 결국 자본과 권력을 쥐고 있는 국가와 기업으로 수렴된다고 할 때, 개인정보가 유출되고 사생활과 자유는 얼마든지 침해받을 수 있다는 것이다. 그리고 이러한 걱정은 세계 곳곳에서 이미 현실화의 조짐을 보인다.

  2012년 4월 영국 정부는 여왕 엘리자베스2세 즉위 60주년과 런던올림픽 등 대규모 행사를 앞두고 인권침해 법안을 밀어붙여 논란의 중심에 섰다. 일명 '빅 브라더 법'이라고 불리는 이 법안은 범죄행위, 테러, 군사공격 등 중범죄에 대응한다는 명목 하에 휴대전화, 스카이프 등 인터넷 전화는 물론, 이메일, 문자메시지 등 개인의 모든 디지털 통신기록을 실시간으로, 영장 없이 감시할 수 있다는 내용을 골자로 한다.

시민에게 주민등록번호를 부여해 감시하는 세계 유일의 국가 한국도 2010년 국정원의 '패킷감청 허용여부'를 둘러싸고 한바탕 논란이 있었다. 인터넷 전용회선 전체를 실시간으로 감청하는 패킷감청은 '포괄적 백지영장'이라고 할 수 있다. 유비쿼터스 시대에 누군가의 인터넷을 감청한다는 것은, 결국 그 사람의 모든 것을 알게 되는 것과 마찬가지이기 때문이다. 국정원은 "범죄예방, 국가안보를 위해 패킷감청이 필요하다"고 강변한다.

그러나 패킷감청은 다른 감청과 달리 피의자와 대상을 특정하는 것이 불가능하다. 하나의 회선을 여러 사람, 여러 대의 컴퓨터가 공유하는 인터넷 환경에서, 지금 인터넷 회선을 사용하는 사람이 피의자인지 여부는 확실하지 않다. 아주대 법학대학원 오동석 교수는 "패킷감청은 헌법적으로 절대 허용될 수 없는 절대금지의 영역이며 개인의 통신자유와 인권을 보호하는 마지노선"이라고 입장을 밝혔다.

2012년 10월 방송통신위원회 자료에 따르면, 지난 5년간 총 1억 2,300만 건의 개인정보가 조회되었다. 하루 평균 6만 7,400건이다.

불안이 초대한 새로운 얼굴의 빅 브라더

빅 브라더를 향한 권력의 욕망은 신자유주의로 가속된다. 시장을 우선으로 삼는 신자유주의의 모토는 '작은 정부'인데, 이에 따라 역할이 대폭 축소된 국가는 존재감이 약해진다는 불안감으로 안보 이데올로기를 강화한다. "우리 사회가 위기에 처해 있다. 각자의 삶도 위험하다. 국가가 적으로부터 우리를 보호하기 위해 나서야 한다"는 인식을 시민들에게 각인하여 장악력을 유지하려는 것이다.

성공회대 교양학부 한홍구 교수는 "누군가 통제를 통해 사회붕괴를 막아야겠다고 주장할 때 이것은 제도나 사법적인 차원만의 이야기가 아니다. 불안을 조장하고 통제를 불러들일 때는 항상 도덕적인 면이 강조된다"고 말한다. 그리하여 이주민, 노동조합, 동성애자, 여성운동가, 청소년이 사회발전과 건전성을 위협하는 비윤리적 집단으로 매도되어 시민들의 증오를 결집시킨다. 2009년 8월 방송통신위원회는 국가보안법 위반험으로 한총련 사이트 폐쇄를 명령했다.

프랑스 철학자 미셀 푸코는 판옵티콘(원형감옥)을 고찰한 끝에, 주체는 권력이 감시하고 있다는 것을 알고, 그 시선을 의식하는 과정에서 규율을 내면화하고 훈육된다는 결론에 도달했다. 전통적인 '빅 브라더 론'이다. 그러나 오늘날 빅 데이터를 이용한 권력의 감시는 너무나 은밀하게 작동하여 대부분의 사람들은 자신이 감시받는다는 사실을 알지 못한다. 더욱이 이 감시는 '훈육'을 목표로 했던 과거와 달리 '배제'를 추구한다. 폴란드 출신의 영국 사회학자 지그문트 바우만은 이것이 새로운 빅 브라더의 특징이라고 규정한다.

과거 빅 브라더는 시민을 규율에 포함하기 위해 통제를 시행했다. 감옥과 정신병원에 격리된 '비정상적인' 사람들은 교정을 통한 '정상'에의 복귀가 전제되어 있었고, 노숙자와 범죄자는 산업예비군으로 간주되었다. 그러나 새로운 빅 브라더는 소비하지 못하는 이들을 쓰레기로 취급하면서 생산적인 시민들로부터 격리한다. 시민들은 '잉여'가 자신의 공간으로 스며들지 모르는 위험에서 스스로를 보호하고자 배제를 위한 감시에 찬동한다. 우범지역보다 부유층 밀집지역에 더 많이 설치돼 있는 CCTV는 바우만의 분석에 무게를 싣는다.

유동하는 공포를 빌미로, 새로운 빅 브라더가 개인을 감시·배제하는 상황에서, 현실의 저항법은 자못 이상적이다. 전문가들은 민주주의 강화, 개인의 각성과 저항 등을 실천적 방법으로 꼽는다. 『1984』의 주인공 윈스턴 스미스는 백기투항을 선택한다. 소설은 다음 문장으로 글을 맺는다.

"윈스턴은 빅 브라더의 거대한 얼굴을 올려다보았다. (…) 오, 잔인하고 불필요한 오해여! 오, 저 사랑이 가득한 품안을 떠나 스스로 고집을 부리며 택한 유형流刑이여! 그의 코 옆으로 진 냄새가 나는 두 줄기 눈물이 흘러내렸다. 그러나 모든 것이 잘 되었다. 싸움은 끝났다. 그는 자신과의 싸움에서 승리했다. 그는 빅 브라더를 사랑했다."

+BOOK

쓰레기가 되는 삶들
지그문트 바우만 저, 정일준 역, 새물결, 2008.

현대화의 역사를 진보와 생산의 역사이자 쓰레기 생산의 역사로 판단한 저자는, '쓰레기'가 단지 사물에 국한된 것이 아니라 생산과 소비에서 배제된 '사람'까지 포함한다고 말한다. 고도화된 생산수단과 현대성이 '잉여'를 양산하고, 새로운 얼굴의 빅 브라더는 그들을 사회로부터 배제하는 것을 목적으로 한다는 진단이 날카롭다.

감시사회
한상희·홍성수·최철웅·한홍구·엄기호 저, 철수와영희, 2012.

역사학자, 공학자, 사회학자, 법학자 등 각 분야의 전문가들이 한국의 감시 시스템을 고찰하고 철학적, 법학적, 인권적 논의를 시도한다. 시민에 대한 권력의 통제욕망에서 시작된 감시와 통제의 역사, 감시 시스템의 변천과정과 정치와 상업에서의 다양한 활용사례 등을 읽다보면 조지 오웰의 우려가 기우가 아니었음을 깨닫게 된다.

of the people 04

폰지 씨의 기막힌 돈벌이

"45일간 원금의 50%
90일이면 원금의 100%"

"투자만 하면 수익 보장!"

1920년 미국
신문에 광고를 낸 이탈리아 사업가
찰스 폰지 Charles Ponzi

1년 전만 해도
수중에 2달러 50센트가 전부였던
빈털터리 이민자에게 굴러온
1센트짜리 쿠폰

국제회신우표쿠폰
해외에 우편을 보낼 때 요금을 미리 지불한 회신용 우표 쿠폰

제1차 세계대전 후 인플레이션으로
통화가치가 떨어진 이탈리아와
달러 강세로
호황을 누린 미국

'이탈리아에서 1센트에 산 쿠폰이
미국에 오면 6센트가 된다!'

"여러분 이 쿠폰 사업으로
최고 6배 환차익을 볼 수 있습니다!"

정치인, 목사, 경찰, 교수, 의사, 변호사, 부유한 미망인
그리고 그들의 가족, 친구, 이웃…

2월 5,000달러
3월 30,000달러
5월 450,000,000달러

4개월 만에 10만 배 가까이
불어난 투자액

그러나 보스턴 우체국의 의혹 제기

"폰지의 사업은 상식적으로 불가능하다."

미국에서는 그렇게 많은 우편 쿠폰을 유통시키지 않는다
쿠폰을 환전하는 데는 45일보다 훨씬 많은 시간이 걸린다

피해자 4만 명
피해액 1억 4,000만 달러
5개 은행 도산

미국 역사상 최대 금융사기

그리고 2010년 미국

세계 석학들의 칼럼을 싣는
한 사이트에 등장한
폰지 게임

"혼자하는 폰지 게임의 플레이어들(기업경영자)은
자신이 개인적 이득을 챙겨 도망칠 때까지
산업 전체가 무너지지 않기만을 바라고 있다."

― 이매뉴얼 월러스틴(예일대 석좌교수)

of the people 04⁺
탐욕을 자극하는 마법의 이름

 폰지 사기Ponzi Scheme는 신규 투자자의 돈으로 기존 투자자에게 이자나 배당금을 지급하는 방식의 다단계 금융사기를 말한다. 이 수법은 이전에도 있어왔으나 1920년대 미국의 찰스 폰지Charles Ponzi 사건 이래 보통명사로 정착했다. 1882년 이탈리아에서 태어나 1903년 미국으로 건너온 찰스 폰지는 허랑방탕한 생활 끝에 서류위조죄와 밀입국방조죄 등으로 전과자가 되었다. 1919년 보스턴에 정착한 후 이탈리아에서 온 백만장자로 과거를 탈색하고 국제 쿠폰 사업을 벌인다면서 투자자를 모집했다. 45일 만에 원금의 50% 수익을 보장하는 파격적인 조건이었다. 정해진 날 약정된 수익금이 지급되자 투자자들은 재투자를 하는 한편 지인을 2차 투자자로 모집했다. 소문은 미국 전역에 퍼져 4만여 명이 몰려들었고 1920년 2월 5,000달러였던 투자금액은 넉 달 만에 4억 5,000만 달러로 불어났다. 그러나 투자자 수가 줄고 배당할 돈이 떨어지면서 그해 8월 폰지는 파산신고를 하고 사기혐의로 구속되었다.

 2008년 12월 미국의 경제방송 CNBC는 '최근 20년 동안 세계를 뒤흔든 사기꾼 11명'을 발표했다. 1위는 전 나스닥증권거래소 위원장 버나드 매도프에게 돌아갔다. 1960년 자신의 이름을 딴 증권회

PONZI SCHEME

사 버나드매도프LLC를 설립한 이 월가의 거물은 2008년 폰지 사기로 미국 금융사기 사상 최대금액인 500억 달러(약 69조 원)를 날렸다.

파생상품은 위기를 파생한다

1994년 채권중개회사 살로먼브라더스 부회장이었던 존 메리웨더는 세계 최대의 헤지펀드 LTCM^{Long-term Captital Management}을 창설했다. 헤지펀드는 국제증권 및 외환시장에 투자해 단기이익을 올리는 민간 투자기금으로, 금융상품을 교묘하게 조합해서 도박성이 큰 파생상품을 개발해 수익을 창출한다. LTCM은 에릭 로센펠트, 로버트 머튼, 마이런 숄즈 등 경제학자들로 팀을 구성했는데, 로버트 머튼과 마이런 숄즈는 파생금융상품 가격결정이론 '블랙-숄즈' 모델을 개발한 공로로 1997년 노벨경제학상을 수상하기도 했다.

"시장이 효율적이라면 모든 금융상품은 결국 최적의 가격에 수렴할 것이다. 따라서 그 상품의 최적가격을 먼저 계산할 수 있다면 현재가격과의 차이만큼 돈을 벌 수 있다"는 전제 하에 최신 금융이론으로 무장한 LTCM은, 컴퓨터로 각 채권의 적정금리 차이와 옵션의 적정가격을 계산하고 블랙-숄즈 이론을 적용한 파생상품 투자로 위험을 제거했다. 2년 만에 59%, 4년 만에 400%라는 경이적인 수익률을 올리자 월가를 비롯한 전 세계 은행들이 앞다투어 LTCM에 투자했다. 성장가도를 달리던 LTCM은 1998년 러시아 모라토리엄을 예측하지 못해 파산했다. 거래한 파생상품 규모는 1조2,500억 달러 이상이었다. 전 세계적 경제위기가 발생할 것을 우려한 연방준비제도의 주도 하에 LTCM은 은행과 투자기관으로부터 대규모 구제금융을 받았다. 파생상품은 아무것도 생산하지 않으면서 누군가의 손실을 전제로 수익을 추구한다는 점에서 폰지 사기와 닮아 있다.

  2008년 미국의 서브프라임 모기지론 사태를 고찰한 찰스 퍼거슨 감독의 다큐멘터리 〈인사이드 잡〉은 파생상품을 다음과 같이 설명한다. "집이라는 실물이 있으면 주인은 집에 대한 보험을 들 수 있다. 하지만 파생상품으로 넘어오면 모두가 그 집을 가지고 보험을 든다. 주인인 나뿐만이 아니라 당신도 들고, 옆 사람도 들고, 모두가 드는 것이다. 만약 집에 불이 나면 실물을 가진 주인을 제외한 나머지는 모두 파산한다. 여기에 실체로서의 상품은 없다." 월가의 전설적인 투자자 워런 버핏이 파생상품으로 운용한 헤지펀드를 '시한폭탄'이라고 명명한 이유다.

금융자본주의라는 이름의 폰지 사기

  30년 전 미국은 은행에서 돈을 빌린 사람이 돈을 갚으면 부채가 없어지는 대출구조를 갖고 있었다. 간단명료하지만 채무불이행의 위험을 은행이 안고 있는 시스템이다. 그러나 1930년 대공황 이후 지속적으로 금융규제를 완화해온 현재는 상황이 달라졌다.

먼저 은행은 주택담보대출을 투자은행에 팔아 불안요소를 제거한다. 투자은행은 주택담보대출을 다른 상품과 결합하여 부채담보부증권CDO 같은 다양한 파생상품을 만든다. 신용평가회사가 위험성 높은 파생상품에 최상위 등급을 매겨주면 투자은행은 이를 투자자에게 판매하고 위험요소는 보험회사에 떠넘긴다. 투자회사가 발행한 CDO에 문제가 발생할 경우의 손실을 보장하도록 하는 것이다. 이렇게 100만 원짜리 집이 1,000만 원짜리 상품으로 둔갑하는 동안 최초 채무자와 최종 대출자는 철저하게 분리되고 책임소재는 불분명해진다. 발생한 차익은 스스로 '쓰레기'라고 부른 파생상품을 계속 발행한 투자은행, 파생상품의 평가등급을 높게 측정한 신용평가회사에게로 돌아간다. 경제학자와 관료들은 배후에서 '규제완화'의 방식으로 지원사격한다. 인사이드 잡inside job은 '내부자 범죄'라는 뜻이다.

뉴욕타임스의 칼럼니스트 토머스 프리드먼은 2008년 12월 17일, '대폭로The Great Unraveling'라는 칼럼을 기고했다. 프리드먼은 "월가의 금융업체들이 연봉이 1만 4,000달러밖에 안 되는 노동자에게 75만 달러짜리 주택담보대출을 해주고, 이를 묶어 증권을 만들면 무디스나 스탠더드앤푸어스 같은 신용평가기관이 AAA라는 최상의 등급을 매기고, 이런 증권들을 전 세계 은행과 연기금에 파는 일련의 행위들이 '피라미드식 사기극'이 아니고 무엇인가. 이런 합법적인 폰지 사기는 원리금 상환기한이 닥칠 때 'I.B.G' 원칙에 따르는 일련의 관계자들이 저지른 것이다. I.B.G는 'I'll be gone'의 약자로 '나는 사라질 것이다'라는 뜻이다"라면서 금융관계자들의 모럴 헤저드를 비판했다.

of the people 05
악법 혹은 관용

로마의 독재자
줄리어스 시저가 살해됐다

줄리어스 시저 사망 이틀 후
원로원 회의의 판결

암살자
마커스 브루투스
무죄

amnestia!
잊어버리자!

"로마의 정의를 위해서
브루투스의 행위를 잊어버리고
문제 삼지 말자!"

Amnesty 사면
'잊어버린다'는 뜻의 그리스어에서 유래

전쟁이 끊이지 않은 로마제국시대
권력에 물들어간 사면제도

황제가 전쟁영웅에게
하루 동안 부여했던 특별한 권력

'사면권'

"전쟁포로들을 죽이거나
사면할 수 있도록 허한다."

15세기 영국

"영국은 하나의 신을 섬겨야 하고
신은 나를 섬겨야 한다."
— 헨리8세

절대권력을 과시하기 위해
36년 재임기간 동안
7만 2,000명 사형
(당시 영국 인구는 300만 명)

권력의 자비심을 드러내기 위해
죄목을 가리지 않고 사면

"사면권은 군주의 권한 중에서
가장 음흉한 권리다."
— 칸트

민심이 어수선했던 17세기 영국

의회와 법을 무시하고
측근을 위해 사면권을 남용한 찰스2세

"무분별한 사면권처럼
법적 근거가 없는 왕권 행사는 위법이다."
― 권리장전(1689)

"탄핵결정 이전에는
왕의 사면권 행사를 제한한다."
― 왕위계승법(1701)

"사면제도는
누가, 왜 사면권을 행사하는지에 따라
악법이 될 수도 있고 관용이 될 수도 있다."
― 윌리엄 블랙스톤(영국법학자)

of the people 05+
짐은 관대하다

국가원수가 죄를 용서하여 형벌을 면해주는 사면赦免·amnesty의 역사는 기원전 7세기 춘추전국시대까지 소급된다. 최초의 사면은 기원전 250년 진秦나라 효문왕이 즉위하면서 대대적으로 시행되었다. 중국사가 브라이언 맥나이트는, 통치초기에 통치자들은 은사恩赦, 즉 사면을 통해 자비심을 드러내고, 범죄자와 정적政敵을 포섭하여 정치·사회적 불안요소를 제거하며, 천하의 질서를 회복할 수 있는 능력을 드러냈다고 분석했다. 제왕의 덕목으로 인과 덕을 우선으로 꼽았던 동양의 정치철학이 짐작되는 대목이다.

사면은 한漢나라 시대에 이르러 제도적으로 정착되었다. 『한구의漢舊儀』에 따르면 황제의 자리를 잇는 '천조', 연호를 바꾸는 '개원', 왕후나 황후를 봉하는 '입후', 황태자를 정하는 '건저' 등 황실의 네 가지 경사마다 사면을 시행했다. 이밖에도 황제가 상을 당한 '대상', 하늘에 제사를 지내는 '봉선', 붕어한 황제의 신주를 사당에 모시는 '입묘', 황제가 나라를 순행하는 '순수', 승전을 기념하는 '승첩', 도적을 평정하고(평적) 천재지변이 일어날 때에도 사면이 있었다.

한편, 서구에서 군주의 절대성과 숭고성, 덕성에 기초를 둔 특권적 관용으로 오랜 전통을 이어온 사면권은 계몽주의 시대에 이르러

정치적 쟁점으로 떠올랐다. 1535년 영국의 헨리8세는 사면권을 장악하여 왕권을 과시하는 동시에, 사법권을 행사하는 의회와 대립했다. 150여 년간 계속된 힘겨루기는 1689년 12월 의회가 '권리장전'을 선언하면서 일단락되었다. 왕은 국회의 동의 없이 법률의 효력정지, 그 적용의 배제, 상비군 설치, 조세부과, 과도한 보석금과 벌금, 참혹한 형벌을 주장할 수 없다는 내용을 담은 권리장전은 법과 인권을 위협하는 절대권력을 견제했다.

사법부를 초월하는 행정부의 유일무이한 법집행으로서 사면권은 현재 세계 여러나라에서 지속되고 있다. 법률의 획일성에서 생기는 결점을 완화하여 공정에 보다 접근할 수 있고, 재판의 결함을 교정하며, 정세가 변화하면서 처벌할 이유가 사라진 정치범을 구제해야 하기 때문이다. 비근한 예로 1993년 5월 한국에서는 광주민주화운동 관련자 81명이 특별사면되었다.

무전유죄 유전무죄의 은사

사면에는 일반사면과 특별사면이 있다. 일반사면은 범죄의 종류를 정하고 그에 해당하는 사람에게 적용하는 것으로, 일반사면(대사), 일반감형, 일반복권 등으로 세분된다. 한국 최초의 일반사면은 1948년 건국을 기념하여 공포한 이른바 '건국대사령'이다. 일제강점기의 형법 각론 가운데 80여 개조 위반죄, 100여 개의 법령과 취체규칙 위반죄, 미군정 하의 포고령 위반과 군정법령, 규칙위반죄 등을 저지른 범죄인이 대거사면되었다. 5·16 군사정변 후 박정희 정권도 1961년 6월, 1962년 5월, 1963년 8월 세 차례에 걸쳐 일반사면령을 발표했고, 1963년 12월에는 제3공화국 민정수립기념 대사령을 공포하기도 했다.

특별사면은 범죄인 개개인에 대해 행하는 사면으로 특별사면, 특별감형, 특별복권 등으로 나뉜다. 일반사면이 민심수습용으로 수행된다면 특정 범죄인을 지목하는 특별사면은 정치적 목적성을 띤다. 이승만 정권은 15차례, 박정희 정권은 24차례에 걸쳐 특별사면과 특별감형을 남발하며 사면권을 정권유지수단으로 활용했다. 문민정부에 들어서면서 사면권은 '정치적 거래'라는 더욱 왜곡된 방식으로 사용되었다. 여론의 강력한 반대에도 김영삼 정부는 '율곡비리사건' '동화은행사건'에 연루된 청와대 고위관계자 등 부패사범들을 특별사면했다. 김대중 정부는 '12·12와 5·18사건' '전두환·노태우 비자금사건' 관련자들을 '지역과 국민대화합'을 이유로 특별사면했다. 노무현 정부는 대기업총수들을 '경제살리기'라는 명분으로 특별사면했고 이명박 정부 들어서도 비슷한 사면은 계속되었다. 반면 정치적·종교적 교의, 생존권 투쟁 등으로 감옥에 갇힌 양심수는 사면대상에서 철저히 제외되었다. 1993년 9월 23일 이후 민가협이 매주 목요집회를 여는 이유다.

대통령 사면권이 정치적으로 오·남용되고 있다는 비판이 높아지자 국회는 2007년 사면법을 개정하고 2008년 3월 사면심사위원회를 설치했다. 사면심사위원회는 법무부장관 소속으로 당연직 5명, 위촉직 4명 등 위원 총 9명으로 구성된다. 그러나 참여연대 사법감시센터 박근용 팀장은 "심사위원의 임명권한이 법무부장관에게 있기 때문에 장관 혼자 사면대상자를 선별하는 것과 다를 게 없다"면서 사면심사위원회가 대통령의 견제역할을 제대로 수행할 수 있을지 의문을 제기했다. 위원회 명단과 약력이 비공개인 점도 문제로 거론되었다. 심사위원이 사면대상자로부터 독립적인 위치에서 사면의 적정성을 판단할 만한 인사인지를 판단할 수 없기 때문이다. 2008년 광복절 특사에 앞서 경제개혁연대는 법무부를 상대로 "위원회 정보를 공개하라"며 소송을 제기했고 2010년 1월 19일 승소했다.

  2008년 검찰은 이건희 삼성그룹 회장을 배임과 조세포탈 등의 혐의로 구속기소했다. 이 회장은 2009년 12월 31일 '평창동계올림픽 유치와 경제살리기에 기여해야 한다'는 명목으로 단독사면되었다.

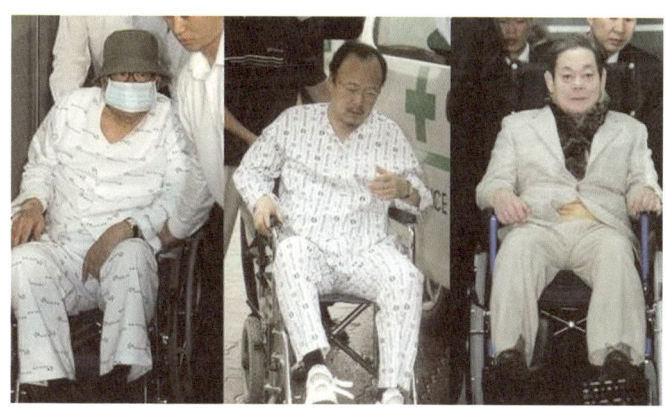

한줄기 촛불을 위한 연대

국제사면위원회Amnesty International(이하 앰네스티)는 1961년 영국 런던에서 출범한 비정부 인권기구다. 포르투갈 리스본의 한 술집에서 '자유를 위해 건배'했다는 이유로 학생 두 명이 7년형을 선고받자, 노동변호사 피터 베넨슨은 권력에 억압받는 자들을 위한 저항연대를 결성했다. 목표는 세계 각국의 양심수들을 사면하는 것으로, 기금마련과 편지보내기 운동을 통해 구체화했다. 개인에게서 시작된 활동은 곧 27개 이상 국가, 18개 지부, 850개의 그룹으로 확산되었다. '양심수'라는 말은 국제통용어가 되었고 앰네스티의 상징 '철조망에 둘러싸인 촛불'은 희망과 자유를 대변했다. 1962년부터 10년 동안 앰네스티가 사면운동을 펼친 4,000명의 양심수 가운데 2,000명이 석방되었다.

1962년 7월 벨기에 회의를 거쳐 '국제사면위원회'라는 영구조직이 출범했다. 1963년 런던에 국제사무국이 문을 열었고, 각 나라의 정치적 수감 현황에 관한 보고서를 준비하고자 자원활동가로 꾸려진 조사연구팀이 구성되었다. 국제사회에서 가장 신뢰받는 인권보고서가 만들어지게 된 배경이다. 포르투갈, 루마니아, 남아프리카 공화국의 수감환경에 대한 첫 번째 보고서를 발간한 이후 앰네스티는 해마다 정치하게 작성한 인권보고서를 통해 전 세계 인권현황을 개괄하고 있다.

끊임없이 인권의 외연을 확장하면서 권력이 외면한 자들과 함께 투쟁한 앰네스티는 1977년 노벨평화상을, 1978년에는 유엔인권상을 수상했다. 2012년 현재 앰네스티 회원은 220만 명이며 한국지부는 1972년에 설립되었다.

2012년 5월 24일 '2012 국제앰네스티 연례보고서'가 공개되었다. 이에 따르면 2011년 한국 정부는 "표현의 자유, 집회·시위의 자유, 사상과 양심의 자유를 보장하는 데 실패"했다. 특히 표현의 자유와 관련해서는 "국가보안법을 적용해 정부의 대북정책을 반대하는 것으로 보이는 개인과 단체를 표적으로 삼는 사례가 점점 늘었"으며 "인터넷과 트위터, 페이스북을 비롯한 소셜네트워크를 밀접하게 감시하고 있다." "국가보안법 위반으로 입건된 사람은 135명"이고 "2011년 10월 30일 현재 경찰이 북한을 찬양하고 미국과 정부를 비난하여 국가안보를 위협한 것으로 보이는 게시물을 삭제한 건수는 모두 6만 7,300건으로, 2009년도 1만 4,430건에서 4배 이상 늘었다." 국제인권감시단체인 프리덤하우스는 '2011년 언론자유 보고서'에서 한국을 '언론자유국free'에서 '부분적 언론자유국partly free'으로 강등시켰다.

of the people 06
마요 광장의 어머니들

"돌려달라!"
"산 채로 돌려달라!"

1976년 군부 쿠데타로 집권한 비델라 정권
군부통치를 반대하다
사라져버린 자식들

잃어버린 자식을 찾아
수많은 경찰서와 군대병영
정부기관을 헤매고 헤맨
어머니

"돌려달라!"
"산 채로 돌려달라!"
"내 아이를 산 채로 돌려달라!"

1977년 5월 마요 광장
그날부터 매주 목요일 오후 3시

어머니들은 총칼로 위협하는 군부에 맞서
머리에 아기 기저귀 천을 쓰고
조용히 마요 광장을 돌기 시작했다

하지만 정부의 대답은 언제나 "아는 바가 없다."

그러던 어느 날

부에노스아이레스 외곽
그랑부르 공원에서
400여 구의 유골이 발견된다

유골에 새겨진 군부의 만행
계속되는 증언
드러나는 진실
최소 8,960명의 실종자
340여 개의 비밀 수용소

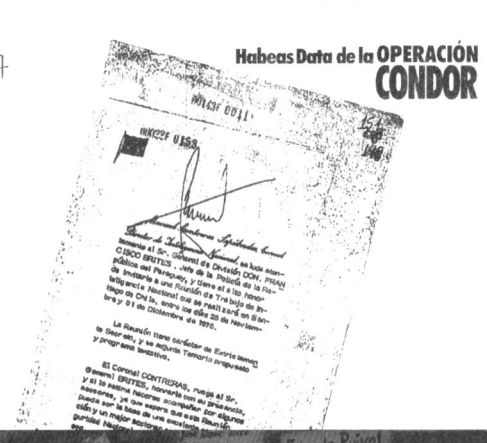

1991년 정부가 제안한
거액의 보상금 "거절"

기념물 건립 "반대"

유해발굴 "거부"

단 한 번의 타협 없이 지켜온
'마요 광장 어머니들'의 강령

우리는 어떠한 금전보상도 거부한다
생명은 생명 그 자체로 가치가 있지 어떠한 금전으로도 바꿀 수 없다.

우리는 어떠한 기념물 건립도 반대한다
기념물은 우리 자식들의 정신을 화석화시켜
건축물과 돌 속에 가두는 것이다.

우리는 사체발굴을 거부한다
우리 아이들은 죽은 것이 아니라 현재의 민주화운동 속에 살아 있다.

모든 민주화운동에 참여하고 있는 젊은이들이
모두 우리의 아이들이다

of the people 06+
더러운 전쟁, 비상하는 콘도르

1973년 피노체트가 군사정변으로 칠레의 살바도르 아옌데 정권을 무너뜨린 후 군사독재 정부는 라틴아메리카 전역으로 퍼져나갔다. 1976년 3월 24일 육군사령관 호르헤 비델라Jorge Rafael Videla는 아르헨티나가 페론 대통령 사망 후 경제위기, 정파 간 내분으로 혼란에 빠진 틈을 타 쿠데타로 정권을 장악했다. 비델라 정권은 군사평의회를 구성하여 의회를 해산하고 사법부와 정당, 노동조합 활동을 중지했다. 또한 칠레, 볼리비아, 파라과이, 우루과이 등 남미 군사독재정부들과 연합하여 '콘도르 작전'을 수행했다

콘도르 작전은 표면적으로 '사회주의 무장세력 축출'을 내세웠으나 실제목적은 반정부세력 제거에 있었다. 이에 따라 비델라는 '더러운 전쟁'을 전개하여 아르헨티나 군부세력에 반대하는 좌파운동가, 지식인, 예술가, 페론주의자들을 무차별 납치하고 살해했다. 끌려간 사람들은 전국 600여 개 비밀수용소에 수감되어 강간, 폭행, 고문당했고 사망자는 바다에 버려졌다. 더러운 전쟁으로 살해·실종된 사람은 공식적으로 1만 3,000명이지만 인권단체는 3만여 명이라고 주장하고 있다. 아기납치는 그중에서도 가장 패륜적이었다. 비밀수용소 수감자 가운데 임신한 여성은 수갑과 족쇄가 채워진

채 눈을 가리고 분만했다. 이후 여성은 바다에 버려지고 아이는 군인, 경찰 등 친(親)정권 인사의 가정에 강제입양되었다. 부모가 살해된 열 살 미만의 아이들도 같은 방법으로 입양되었다. '마요 광장의 어머니들'에 따르면 이러한 방법으로 더러운 전쟁 동안 입양된 아기는 500여 명에 달한다.

5월의 어머니들

어두운 밤, 우리의 아들딸들은
잘려 쓰러지고 우리에게서 떨어져 나갔지
우리 아이들의 심장 뛰는 소리가 들려
우리에겐 우리 아이들의 심장 뛰는 소리가 들려

아일랜드 록밴드 U2의 노래 '실종자들의 어머니Mothers of the Disappeared' 가사 일부다. 기타리스트이자 보컬인 보노가 만든 곡으로 '마요 광장의 어머니들'을 모티프로 했다. '마요 광장의 어머니들'은 군부독재 시절 실종되거나 살해된 희생자들의 유가족이 결성한 인권단체다. 1977년 4월 30일, 실종된 자식들을 찾아 헤매던 14명의 어머니들이 마요 광장에 모인 것이 계기가 되었다. 결성 이래 매주 목요일 오후 3시 30분, 잃어버린 자식의 이름을 새긴 흰 스카프를 두르고 '살아 있음을 호소하면서'라는 문구가 적힌 플래카드를 들고 행진을 계속했던 '마요 광장의 어머니들'은 세월이 흐름에 따라 '마요 광장의 할머니들'이 되었다. "처음에는 실종된 아이들의 생사를 확인하기 위해, 이제는 아르헨티나의 민주화를 위해 행진한다"는 '마요 광장의 할머니들'은 1996년부터 정부를 상대로 유아납치 사건을 제소하는 한편, 수용소에서 태어난 아기들과 혈육과의 만남을 주선하고 있다. 그들의 노력으로 현재 106명의 아이들이 DNA조사 등을 통해 가족을 되찾았다. 마요Mayo는 스페인어로 5월이라는 뜻이다.

군부독재가 끝나고 1983년 들어선 라울 알폰신 민간정부는 비델라를 비롯한 군부인사 370여 명에게 반인도주의 범죄 혐의로 종신형을 선고했다. 그러나 1989년 라울 정부를 이어받은 카를로스 메넴 대통령은 '국민화합'을 명분으로 이들을 모두 특별사면하고 군부정권 부역인사들에 대한 사면법을 제정했다. 2003년 네스토르 키르치네르 좌파정부가 사면법을 폐기하면서 군부지도자들은 다시 법정에 올랐고, 2010년 아르헨티나 법원은 비델라에게 종신형을 선고했다.

역사의 데칼코마니

1961년 5월 16일 군사정변으로 정권을 장악한 박정희는 1967년 헌법개헌을 통해 장기집권의 기틀을 마련했다. 1972년 국회와 정당을 해산한 박정희는 전국에 계엄령을 선포한 후 '통일주체국민회의'에서 대통령으로 선출되었고, 이로써 유신정권인 제4공화국이 출범했다. 이 과정에서 박정희 정권은 민주화를 요구하는 학생과 재야인사들을 무차별 납치, 고문, 폭행, 살해했다. 1964년 인혁당사건, 1974년 민청학련사건이 대표적이다.

1979년 10월 26일 박정희 대통령이 시해되자 12월 12일 전두환은 권력의 공백상태를 틈타 군사정변을 일으켰다. 대학생들을 중심으로 전국에서 민주화시위가 거세어지는 가운데 1980년 신군부는 전라남도 광주시민들에 대한 무차별적인 군사작전을 펼쳤다. 정부가 "국가전복을 노린 불순한 배후세력의 조종에 의해 발생한 내란"으로 발표하고, 언론이 '광주사태' '광주폭동'으로 언명한 이 사건은 1988년 노태우 대통령에 의해 '민주화운동'으로 재정의되었다. 2001년 기준으로 광주민주화운동으로 사망 218명, 행방불명자 363명, 상이자 5,088명, 기타 1,520명 등 총 7,200명이 인명피해를 입었다.

1980년 5월 17일 신군부는 비상계엄령을 전국으로 확대했다. 27일 국가보위비상대책위원회를 설치하여 내각을 통제하고 사회정화정책의 일환으로 '삼청교육대'를 설치했다. 폭력범과 사회풍토문란사범을 소탕하여 '사회악'을 일소한다는 명분이었으나 학생과 반체제인사들도 대거 연행되었다. 1981년까지 총 6만 755명이 체포되어 철조망이 둘러진 연병장에서 총을 든 헌병들이 감시하는 가운데 고문에 준하는 훈련을 받았다. 1988년 국회 국방부 국정감사에 따르면 삼청교육대로 인한 인명피해는 현장사망 52명, 후유증으로 인한 사망 397명, 정신장애 등 상해자가 2,678명이다.

끝나지 않은 5월

'민주화실천가족운동협의회'(민가협)는 1980년 이후 민주화운동 과정에서 구속되거나 목숨을 잃은 학생, 노동자, 재야인사의 가족들이 결성한 협의체다. 1984년 서울대총학생회 사건을 계기로 하나둘 구속되기 시작한 학생들의 수는 1985년 광주항쟁기념집회가 잇따르면서 급증했고, 5월 23일 서울 미문화원점거농성으로 절정에 달했다. 자식들의 석방을 위해 동분서주하던 부모들은 "석방을 구걸하지 않고 당당하게 자식들의 뜻에 동참하여 민주화운동에 헌신하는 것만이 근본적인 해결방안"임을 선언하고 '구속학생학부모협의회'를 결성했다.

7월 15일 미문화원점거농성에 연루된 학생들의 첫 공판이 열렸다. 구속학생학부모협의회는 '장하다 대한의 아들' '애국학생이 용공이냐' 등의 슬로건을 쓴 머리띠를 두르고 재판에 참석하여 피고인으로 끌려나온 자식들과 함께 독재정권을 규탄했다. 그리고 12월 12일 구속노동자가족협의회, 청년민주인사가족협의회, 장기수가족협의회, (민주열사)유가족협의회 등 4개 조직과 함께 민가협을 발족했다. 이후 민가협은 '마요 광장 어머니들'을 초청해 집회를 여는 등 국제 인권단체와 연대활동을 전개하면서 민주화의 선봉에 섰다. 1993년 9월 23일 '고난 속의 희망'을 상징하는 보랏빛 수건을 두르고 목요집회를 시작했고, 비전향장기수 석방 캠페인, 고문기술자 이근안 검거촉구, 조작간첩사건 진상규명 촉구, 전두환·노태우 사면 반대와 과거청산 촉구, 국가보안법 철폐 및 공안수사기구 폐지, 경찰폭력 개선, 감옥인권 개선 등 굵직한 인권현안을 위해 투쟁했다.

1993년 김영삼 대통령의 문민정부가 출범했다. 1995년 검찰은

"성공한 쿠데타는 처벌할 수 없다"면서 전두환, 노태우 등 신군부 인사들을 불구속기소했다가 여론이 악화되자 1996년 1월 내란과 반란 등의 혐의로 구속하고 광주항쟁 진상규명과 함께 제5공화국 비리수사를 진행했다. 1997년 4월 전두환 대통령은 반란수괴, 반란모의참여 등의 혐의로 무기징역과 추징금 2,205억 원을 선고받고 수감되었다가 12월 22일 '지역감정 해소 및 국민대화합'의 명분으로 특별사면되었다. 납부한 추징금은 532억 원이고 나머지 1,673억 원은 "통장에 29만 원밖에 없어서" 미납했다.

2007년 1월 경남 합천군은 황강변 '새천년 생명의 숲'의 이름을 일해공원으로 바꾸었다. 일해日海는 전두환 대통령의 아호다. 2012년 2월 서울 상암동에 박정희기념관이 개관했다. 총 220억 원의 공사비 중 200억 원이 국고보조금이다.

 FILM

송환
김동원, 한국, 148분, 12세 이상 관람가, 2004.

1993년, 민주화 이후 출범한 김영삼 정부는 한국에 양심수가 없다고 공식 선언했다. 〈송환〉은 사회주의 사상을 '전향'하지 않는다는 이유로 수십 년 동안 감옥에 억류돼 있던 이른바 '비전향 장기수'들이 북으로 송환되기까지의 과정을 밀착취재하며, 법과 인권, 권력의 정당성과 폭력성, 남과 북의 경계를 되묻는다.

어머니
태준식, 한국, 102분, 12세 이상 관람가, 2012.

"노동자도 사람이다"라고 외치며 분신자살한 전태일의 어머니, 이소선 여사의 특별하지 않은 일상을 담은 다큐멘터리다. 노동자를 위해 싸워달라는 아들의 유언을 한평생 몸으로 실천한 이소선 여사는 오늘날 '전태일'의 자리를 대신하고 있는 모든 아들들의 어머니가 돼 준다. 절제된 연출이 눈물과 감동을 강요하지 않는다.

of the people 07

별종 잡지

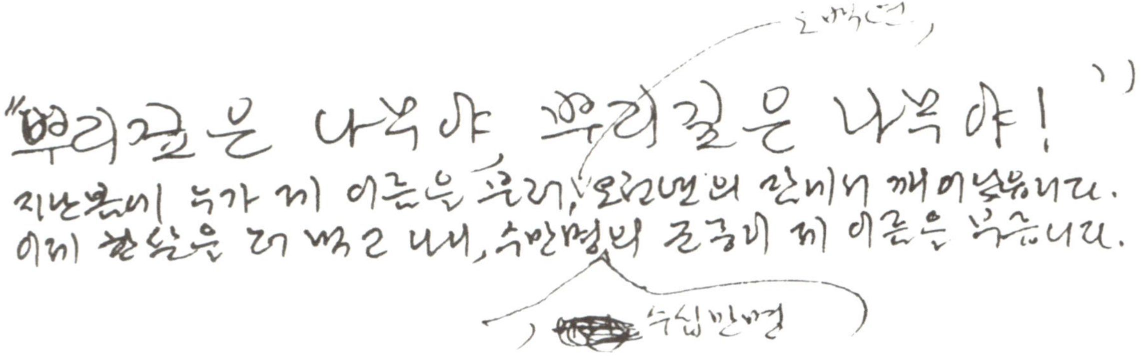

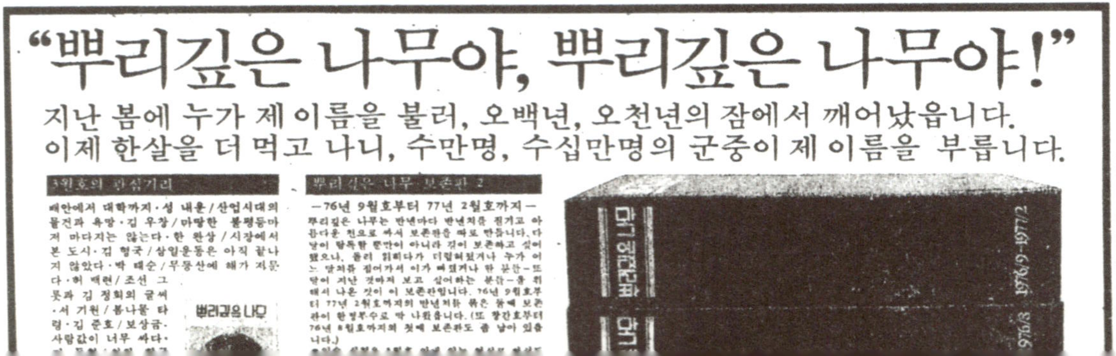

"뿌리깊은 나무야, 뿌리깊은 나무야!"

지난 봄에 누가 제 이름을 불러, 오백년, 오천년의 잠에서 깨어났습니다. 이제 한살을 더 먹고 나니, 수만명, 수십만명의 군중이 제 이름을 부릅니다.

뿌리깊은나무

976/3 1976/9-1977/2

"뿌리깊은 나무가 뿌리깊은 나무야!
지식인이 누구에 이름을 부르겠습니까, 아니 찾았는 거에요 내, 그래서 이름을 부르는 지식인이 제 이름을 부릅니다.

뿌리깊은나무 ~야하다

"왜 돈도 안 되는 것을 하려고 합니까?"

한국에서 영어를
가장 잘했던 남자

세계에서 브리태니커백과사전을
가장 많이 팔았던 남자

누구보다 미국문화를 잘 팔았던
세일즈맨의 신화

1976년
이 남자가 손댄
어떤 사업

"좀 엉뚱해 보이는 이름을 지었습니다."

한자로 거창하게 짓지 않은
여섯 글자 제호

아무도 한 적 없는
가로쓰기 편집

세련된 디자인으로 담아낸
오래되고 투박한 주인공들

한글로 쓰인 최초 문헌
'용비어천가'에서 따온 이름

최초 한글 전용 잡지
'뿌리깊은 나무'

"외래어와 한자를 쓰지 않고도 얼마든지
품격 있는 잡지를 독자들에게 선보일 수 있다."

그가 생각한 '품격'

일본식도 미국식도 아닌
토박이 민중들이 쓰는 말과 문화

"후미진 촌구석의 민중들이
한국어와 한국문화의 가장 훌륭한 스승이다."

아무리 많이 배운 필자들도
피해갈 수 없던
철저한 '원고 수정'

"디귿도 지읒도 아닌
왜 하필 시옷일까요?"

밥 먹을 때조차
사잇시옷을 이야기하며
매달 깐깐하게 골라
독자들에게 선보인 3만 단어

1980년 8월
강제폐간될 때까지
구독률 1위

"세상에서 서기 같은 역할을 하고 싶다.
목소리 큰 사람이야 얼마든지 많은데
작은 것을 꼼꼼히 기록하고
변함없이 사랑하는 사람은 드물다."

―『뿌리깊은 나무』 발행인 한창기 1936-1997

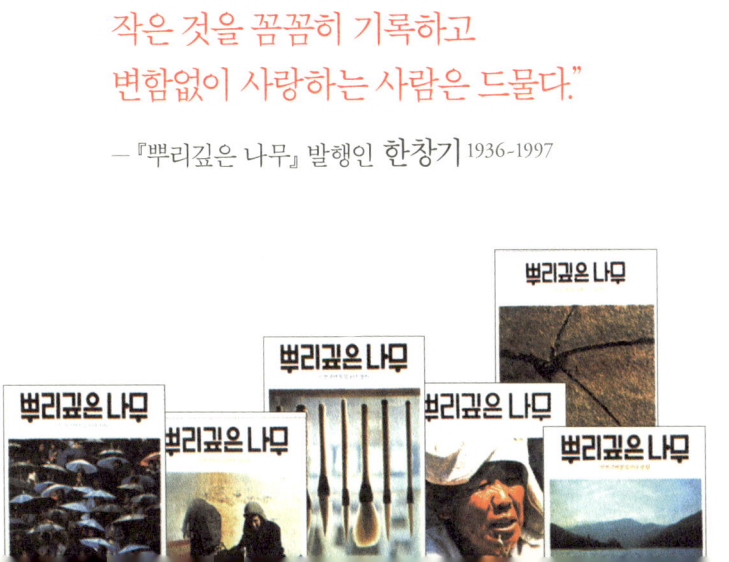

of the people 07 +
세계에서 브리태니커를 가장 많이 판 사내

한창기는 1936년 전라남도 보성에서 태어나 광주고등학교를 거쳐 서울대 법학과를 졸업했다. 사법고시를 준비하는 대신 미8군에서 영어성경과 비행기표를 팔던 그는 '기왕이면 위대한 책을 팔겠다'는 생각으로 브리태니커 본사에 2년 동안 편지를 보냈고, 1968년 브리태니커백과사전 한국 지사를 세웠다. 아시아인이 지사장이 된 것은 브리태니커 역사상 한창기가 처음이다. "나이가 몇 살이건, 고향이 어디건, 어느 학교를 나왔건, 지난날 무슨 일을 했건, 스스로 똑똑하다 생각하는 사람, 능력이 있는데 아무도 안 알아준다고 생각하는 사람은 자기소개서를 써 사서함으로 보내라"는 광고로 젊은이들을 불러 모은 한창기는, 독특한 방식으로 세련된 외모와 자부심을 갖춘 판매원을 길러냈다. 매일 아침 브리태니커 한국지사 영업사원들은 한국어로 번역된 '브리태니커 사람들의 신조'를 외웠다. "나는 적극적이다. 나는 부지런하다. 나는 합리적이다. 나는 끈기가 있다……." 한바탕 복창으로 '마인드컨트롤'을 끝낸 판매원들은 잿빛 바지에 감색 블레이저를 입고, 손에는 '쌤소나이트' 서류가방을 들고 전국 방방곡곡을 누볐다. 고급 피아노 한 대가 12만 원이던 시절, 18만 3,600원짜리 백과사전이 날개 돋친 듯 팔렸다. 한창

기의 '세일즈 전사' 중 한 명이자 훗날 웅진그룹을 창설한 윤석금 회장은 "그는 세일즈맨들에게 단순히 책을 파는 사람이 아니라 교육사업 종사자이자 교육사절이라는 자부심을 불어넣어 주었다"고 회고했다. 브리태니커 한국 지사는 2년 만에 판매원을 250명으로 늘렸고, 전성기 그 수는 1,500명까지 불어났다.

열여섯 가지 금기를 위반한 잡지

반독재 민주화운동이 나날이 거세어지자 정권안보에 위협을 느낀 박정희 대통령은 1972년 10월 17일 계엄령을 선포하고 12월 27일 유신헌법을 공포했다. 유신헌법은 민주주의를 지탱하는 두 개의 뼈대, 정치와 언론의 자유를 박탈하는 것을 골자로 했다.

『뿌리깊은 나무』는 긴급조치가 맹위를 떨치던 1976년 3월 창간했다. 브리태니커 한국 지사가 안정궤도에 접어든 후 5년 동안 고민하고 애쓴 결과다. 창간사에서 한창기는 "역사의 물줄기에 휘말려 들지 않고 도랑을 파기도 하고 보를 막기도 해서 그 흐름에 조금이라도 새로움을 주는 창조의 일을 문화 쪽에서 거들고자 한다"고 밝했다. 엄혹한 시절, 언론으로서 제 역할을 다하겠다는 패기가 엿보이는 부분이다.

『뿌리깊은 나무』 초대편집장 윤구병에 따르면, 당시 잡지계에 떠돌던 16가지 금기가 있었다. 1)제호가 네 글자를 넘으면 망한다. 2)제목을 한글로 달면 망한다. 3)가로쓰기를 고집하면 망한다. 4)국판보다 크면 망한다, 5)두께가 두툼하지 않으면 망한다. 6)부록을 곁들이지 않으면 망한다. 7)한글 전용이면 망한다. 8)필자의 글에 교정 이상 손을 보면 망한다. 9)광고가 많으면 망한다. 10)편집자가 필자의 글에 비판적인 시각을 갖고 있으면 망한다. 11)제목을 쉽게 쓴다고 길게 늘이면 망한다. 12)연재물이 하나도 없으면 망한다. 13)표지에 사진, 그것도 무거운 느낌을 주는 사진을 쓰면 망한다. 14)차례에 각별히 신경을 써서 길고 다양하게 기삿거리들을 펼쳐 보이지 않으면 망한다. 15)널찍한 여성지 크기면 망한다. 16)다달이 특집이 실리지 않으면 망한다.

여섯 글자 한글 제호를 쓰고, 최초로 한글 전용 가로쓰기를 시도한 『뿌리깊은 나무』는 모든 금기를 위배했다. 창간호 표지에는 농부의 얼룩진 손톱이 클로즈업 되어 있었고, 180쪽짜리 얇은 책자는 한국 최초의 아트디렉터 이상철이 설계한 타이포와 이미지로 가득했다. 부록도 없고 특집도 없었다. 순한글 맛을 살려야 한다면서 모든 필자의 글을 교정하는 바람에 종종 실랑이가 벌어지기도 했다. 본문 디자인에는 예민하게 굴면서도 정작 차례는 한 가지 서체로 무뚝뚝하게 편집했고, 국판 일색인 판형 속에서 홀로 사륙배판을 고집했다. '인텔리'를 대상으로 한 다른 잡지와 달리 『뿌리깊은 나무』의 독자는 민중이었고, 민중이 읽는 잡지는 편안하고 친숙한 내용을 쉽고 재미있게 풀어쓸 줄 알아야 한다고 생각했다. 서구의 것을 팔아 만든 가장 '한국적인 잡지' 『뿌리깊은 나무』의 정기구독자는 6만 5,000명을 헤아렸다. 『신동아』 정기구독자가 2만 명이던 때였다.

위로부터의 민족 vs. 아래로부터의 민족

문화의 전위에서 『뿌리깊은 나무』는 다양한 문화비평을 실었다. 문학, 미술, 연극, 음악, 무용 등 고전예술은 물론 신문, 영화, 광고, 방송, 출판, 가요 등 대중문화에도 지면을 할애했는데, 무엇보다 중점에 둔 것은 '토박이문화'였다. 창간호에서 "전통의 규범문화에 치이고, 외래 상업문화에 밀린 토박이 민중문화에 물길을 터주려고 애쓰는 사람을 거들겠다"며 방향을 명시한 『뿌리깊은 나무』는 '민중의 유산' '다시 읽는 한국고전' '시골의 오일장' '오늘 사도 늦지 않은 골동가구' 등을 연재하고 매주 독자들을 위한 판소리감상회를 마련했다. 별도로 펴낸 남한땅 종합인문지리지 『한국의 발견』 11권, 이름 없는 민중의 구술사 『민중자서전』 20권, 육중한 해설집을 갖춘 한국 전통음악 음반전집은 그 연장선상에 놓인 것이다. 이밖에도 한창기는 방짜 유기, 옹기, 백자, 한복, 차, 한옥, 염색 같은 토박이문물을 '발견'하고 명맥을 이었다.

『뿌리깊은 나무』는 우리말에 대한 강박에 가까운 집착으로 한자말과 외래어를 토박이말로 바꾸고, 일본말이나 서양말의 구조로 오염된 부분을 우리말 짜임새로 고쳤다. 민족을 민중과 등치했던 한창기는 "북한말에서 공산주의 이념을 빼내고, 남한말에서 외래어 잡초를 뽑아내는" 방식으로 남북한 언어의 통일을 꿈꾸었는데, "민족언어의 발달과 정화는 곧 민족문화의 발달과 정화로 이어지며,

민족언어의 동질성을 꾀하고 지킴은 곧 분단된 조국이 통일되는 날을 준비함이 되겠기 때문"이었다.

  민족/주의에 대한 한창기의 철학은 박정희의 민족/주의와 전혀 달랐다. 1961년 군사정변으로 정권을 장악한 박정희 대통령은 '경제발전'을 선결목표로 내세우고 사회적 역량을 집중했다. 빠르게 진행되는 근대화 속에서 한국적인 것은 곧 '배척해야 할' '시대착오적인' '추한 것'으로 격하되어 사라졌다. 한국인들은 달라지는 살림살이에 뿌듯해하면서도 "나/우리는 누구인가?" 하는 정체성에 의문을 품었다. 이에 박정희 정권은 '민족문화'와 '민족주체성'을 내세워 이순신, 세종대왕을 찬양하는 일을 국책사업으로 추진하는 한편, 출판과 방송에서 외래어 사용을 금지하는 등 대대적인 우리말 정화운동을 펼쳤다. 그러나 전북대 신문방송학과 강준만 교수는 "위에서부터 아래로 '군사작전'식으로 추진된 '우리 것 사랑하기'는 실은 '우리 것'에 대한 모독이었다. 박정희식 히스테리만 계속되었더라면 '우리 것'은 오히려 경멸의 대상이 되었을 것"이라고 평가절하한다. 그러면서 "한창기의 '우리 것 사랑하기'는 하나부터 열까지 박정희의 방식과는 정반대되는 것이었다. 강요할 힘도 없었지만, 강요할 꿈조차 꾸지 않았다. 계몽도 아니었고 설교도 아니었다. 그는 세련된 포장과 알맹이로 '우리 것'의 값어치를 높이는 방식을 택했다"고 분석했다.

  1980년 5월, 광주항쟁을 무력으로 진압한 전두환과 신군부 세력이 집권을 위한 작업을 본격화하자, 『뿌리깊은 나무』는 항의의 뜻으로 창간 이래 첫 합병호를 내고 6월 24일자 동아일보에 다음과 같은 광고를 실었다. "내용이 그리 텅 비지는 않았습니다. 애써 낸 이 육칠월 합병호가 걸러버렸던 유월호의 벌충이 됩니다. (…) 알 권

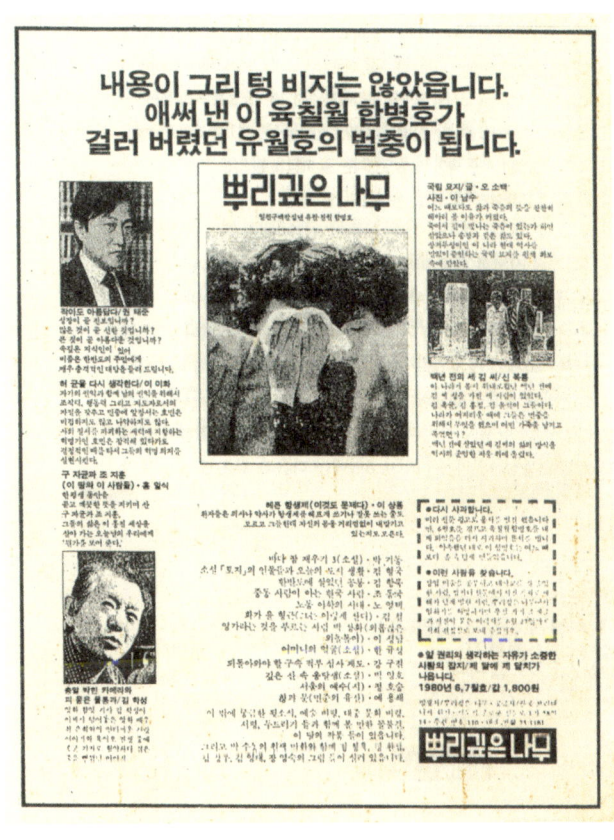

리와 생각하는 자유가 소중한 잡지." 1980년 7월 31일 신군부는 정권에 방해가 되는 정기간행물 172종을 폐간했다. 대상은 '음란, 저속, 외설적이거나 범죄 및 퇴폐적 내용, 특히 청소년의 건전한 정서에 유해한 내용을 게재해온 간행물'이거나 '계급의식 격화 조장, 사회불안을 조성해온 간행물 등 발행 목적을 위반한 간행물'이었다. 『뿌리깊은 나무』는 두 번째 기준에 위배되어 1980년 8월 통권 50호를 끝으로 폐간되었다.

정치적인 것들의 불온한 해방구

'다양하고 복합적인 내용을 싣는 정기간행물'로서 잡지는 1731년 영국의 "Gentleman's magazine"에 기원한다. 이후 잡지는 주관적인 관점으로 문학, 정치, 전기, 비평 등을 다루면서 객관성을 견지하는 신문과 차별화하며 세를 불렀다. 잡지가 18세기 유럽에서 성행한 데는 정치적인 문제가 자리한다. 왕정국가의 절대권력이 신문을 통제하자 그 반발과 대안으로 잡지가 호명된 것이다. 문화의 첨병이었던 잡지는 당대의 첨예한 이슈를 아우르며 정치적 해방구이자 무기로서 역할을 자임했다.(magazine은 '무기(화약)고'를 뜻하기도 한다.)

문화체육관광부 정기간행물대장에 따르면 2010년 말 한국의 잡지는 총 3,830종이다. 최근 5년 동안의 추이를 보면 2007년 이후 등록되는 잡지수는 꾸준히 증가하고 있다. 특히 2009년에는 1,760종의 잡지가 등록되어 2008년에 비해 1,572종(93.6%)이 늘었다. 적자를 이기지 못해 폐간하는 잡지가 속출하는 상황을 감안할 때 폭발적인 성장세다. 창간하는 잡지 가운데에 상당수는 『칼방귀』『에로에로』『당신의 속셈학원』『록셔리』 같은 독립잡지다. 제작자 평균 연령은 20대이며 화두는 가난이다. 2012년 3월 23일자 『한겨레21』은 독립잡지 열풍에 대해 다음과 같이 말한다.

"자신의 정체성을 규정하는 말조차 기성세대에게 빼앗겨버렸어도 청년들은 자신을 말할 방법을 찾아낸다. 독립잡지는 청년들의 구체적 삶과 세상에 대한 질문을 뱉어낸다."

+BOOK

특집! 한창기
강운구와 쉰여덟 사람 저, 창비, 2008.

생전에 한창기와 각별한 인연을 맺은 사람들이 2006년 고인의 10주기 회합을 통해 기획한 두 개의 출판 프로젝트 중 하나. 사진가 강운구, 전 『뿌리깊은 나무』 편집장 윤구병·김형윤, 전 『샘이깊은물』 편집장 설호정, 디자이너 이상철 등이 편집을 맡았고, 두 잡지사의 기자와 편집위원 등 쉰아홉 명이 필자로 참여해 한창기와의 인연, 그들이 기억하고 있는 한창기를 진술한다.

뿌리 깊은 나무의 생각·샘이 깊은 물의 생각·배움 나무의 생각
한창기 저, 김형윤·설호정·윤구병 편, 휴머니스트, 2007.

『특집! 한창기』와 함께 기획된 출판 프로젝트의 다른 하나로, 고인이 쓴 수많은 글들을 엮어냈다. 깔끔한 성품, 단아한 지성, 걸출한 미의식이 행간마다 묻어난다.

of the people 08

내가 찍은 점

어디서 무엇이 되어 다시 만나랴

고향을 떠나온
한 화가의 고민

'가장 한국적인 것은 무엇인가.'

평범한 형태
평범한 빛깔
둥글고 희다

'아니, 그게 다가 아니야.'

조금씩 다르게 둥글고
조금씩 다르게 희다

싸늘한 사기그릇의 기운

'아니, 그게 다가 아니야.'

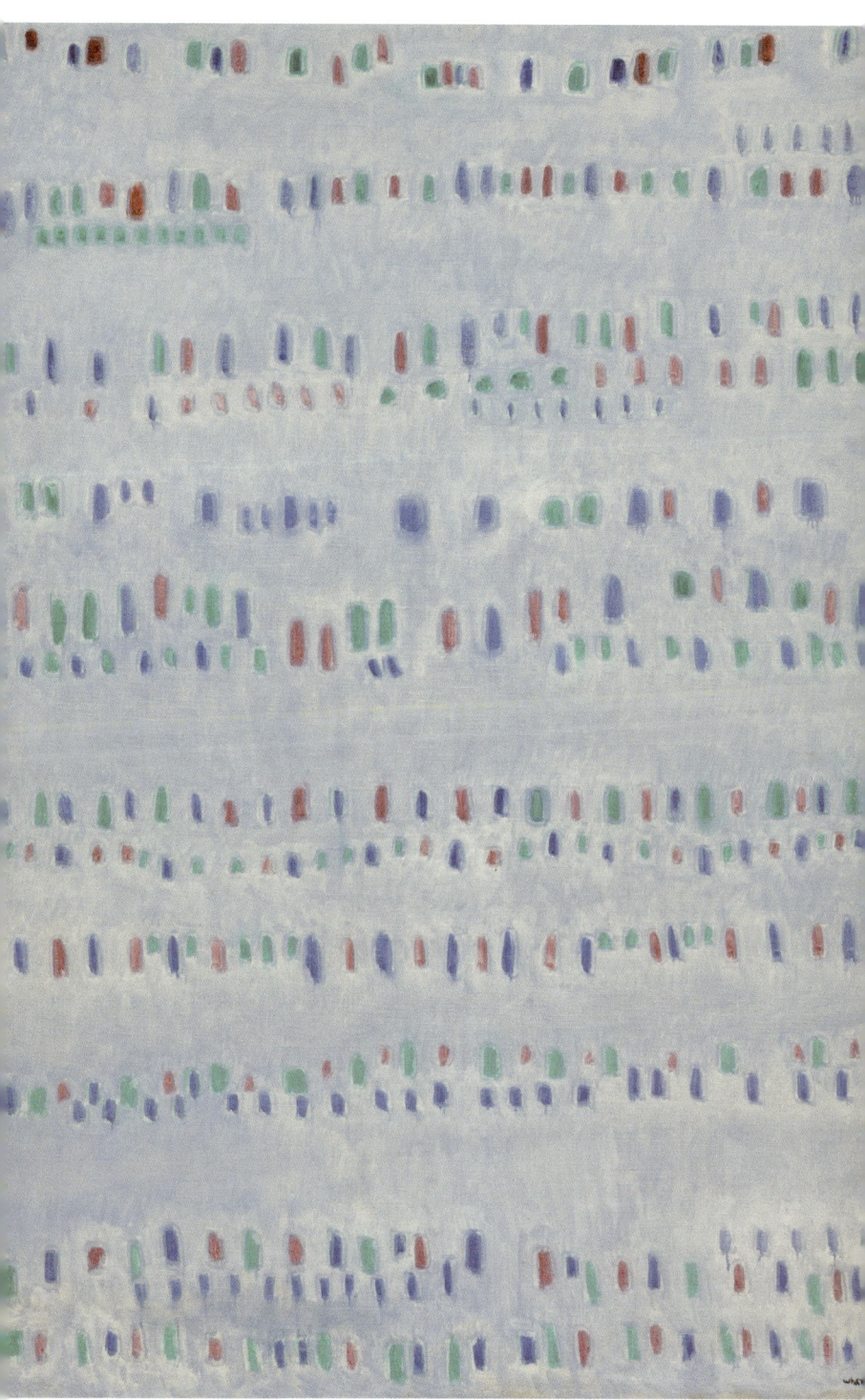

닭이 알을 낳듯이
자연에서 막 출산된
흙의 따뜻한 체온

'우리 눈은 정말
중요한 것들을 보고 있는가?'

ⓒ (재)환기재단·환기미술관

1950년대 우울한 우리나라의 현실

아름답지 못한 현실에 대한 예술적 대안
단순한 선

〈매화와 항아리〉, 1957

"둥근 하늘과 둥근 항아리
푸른 하늘과 흰 항아리는 틀림없는 한 쌍이다."

항아리의 선 〈항아리〉, 1958

달의 선 〈무제〉, 1968

산의 선 〈산〉, 1958 〈산〉, 1960

결국 선만 남은 세상

그리고

마침내 도달한
하나의 결론

〈어디서 무엇이 되어 다시 만나랴〉, 1970

모두 다른 표정의
점

별빛 가득한 밤하늘
그리운 친구들의 얼굴
언제나 가닿고 싶었던 영원의 세계

"내가 그리는 선,
하늘에 더 갔을까.
내가 찍은 점,
저 총총히 빛나는 별만큼이나 했을까."

of the people 08+
중첩된 시간성을 내재한 추상화가

1913년 전라남도 신안군 기좌도(현 안좌도)에서 태어난 수화樹話 김환기는 개발되지 않은 남도의 작은 섬에서 어린 시절을 보내고, 일본으로 건너가 중고등학교와 대학 과정을 근대화된 도쿄에서 마쳤다. 그의 삶은 '가장 한국적인 이미지를 사용한 추상화가'라는 정체성으로 응집되었다.

1934년 도쿄 일본대학 예술과 미술부에 재학하면서 김환기는 자유롭고 왕성하게 작품활동을 벌였다. '아방가르드 양화연구소'와 '백만회' 등 혁신적인 미술단체에 참여하고 '이과회二科會' '자유미술가협회전' 등 분방한 성격의 전시회에 작품을 출품했다. 당시 일본 미술계는 유럽을 중심으로 세력을 확장하던 이른바 '추상미술'의 영향권 아래 놓여 있었는데, 김환기의 화풍도 그곳에 적을 두었다. 김환기는 직선과 곡선, 기하학적 형태들로 구성된, 그때까지의 한국 화단에서는 거의 찾아볼 수 없는 대담한 추상화를 선보였다. 이 시기를 대표하는 〈론도〉(1938)는 색과 구성, 점, 선, 면 등 조형적인 요소를 중시하는 현대미술의 음악적인 면모를 유려하게 표현하고 있다. 1936년 미술학교를 졸업하고 이듬해 고국으로 돌아온 김환기는

자유주의 모던보이로서 서울을 중심으로 도쿄, 기좌도를 오가며 활동을 지속했다.

영원한 것들의 간결한 초상

해방 후 김환기는 유영국, 이규상, 백영수, 이중섭 등과 함께 한국 최초의 현대미술 그룹 '신사실파^{新寫實派}'를 조직한다. 이름 그대로 '새로운 시선으로 사실을 그리겠다'는 포부다. 화풍이 각각인 고로 추상과 구상, 해체와 재현으로 언뜻 대립되는 듯 보이는 조합이지만 영국의 정신분석학자 대리언 리더는 견해를 달리한다. 『모나리자 훔치기』에서 리더는 "추상적이라는 말은 비재현적이라는 말과 같지 않다. 어떤 의미에서 '추상한다'는 것은 화가가 구상한 형태에 어울리지 않은 모든 요소를 미술작품에서 제거하는 것을 말한다. 모든 미술은 그러한 배제를 포함하기 때문에 미술은 추상이 아닌 적이 없었다"면서 추상과 재현이 상호 배타적인 개념이 아니라고 말한다.

이 시기 김환기는 달, 도자기, 산, 나목裸木, 꽃, 여인 등에 매달린다. 특히 "글을 쓰다가 막히면 옆에 놓아둔 크고 잘생긴 백자 항아리 궁둥이를 어루만지면 글이 저절로 쓰인다"고 말할 정도로 백자 항아리를 사랑하여 〈항아리와 여인들〉(1951), 〈항아리와 매화〉(1954) 등 이를 모티프로 한 수많은 작품을 남겼다. 한국 추상미술의 선구자이자 서양화가로서 김환기가 "서구 모더니즘을 한국화 했다"는 평가를 받는 지점이다. 스스로 '영원한 것'이라고 명명했던 한국적인 것에 대한 천착은 1956년부터 3년간 파리에 머무는 동안에 더욱 분명해졌다. 항아리, 십장생, 매화 등 소품을 기본으로 한 정물화 작업은 고국의 산천을 그리는 것으로 확장되었고, 세계는 한줄

ⓒ (재)환기재단·환기미술관

기 선에 수렴했다.

1959년 귀국, 한동안 홍익대학교 학장을 지내다 1963년 뉴욕으로 건너간 김환기의 화풍은 팝아트, 미니멀리즘 등 새로운 예술이 태동하던 자유로운 분위기 속에서 결정적인 변화를 맞는다. 선은 점으로 축소되고 캔버스는 무수한 점들로 채워진다. 미술평론가 이주헌에 따르면, "화면 전체를 뒤덮은 점이 무위자연이나 윤회설의 섭리를 맨눈으로 보는 것 같은 효과를 자아내는" 김환기의 화업畵業은 〈어디서 무엇이 되어 다시 만나랴〉(1970)에서 절정에 이른다. 김광섭의 시 「저녁에」의 마지막 구절을 빌려, 밤하늘에 빛나는 무수한 별, 그 별들이 품고 있는 허다한 꿈을 점으로 승화한 이 작품으로 김환기는 제1회 한국미술대상전 대상을 수상한다. 서울 종로구 부암동의 '환기미술관'은 1974년 뇌출혈로 사망한 그의 예술혼을 기리기 위해 1992년 설립된 것이다.

물질세계에 떨어진 한 방울 정신

19세기 인상파는 서구 현대미술에서 점dot을 독자적인 표현기법으로 사용한 최초의 유파다. 모네, 피사로 등 인상파 화가들은 점 또는 점과 유사한 세밀한 터치로 대상을 묘사하는 '점묘법'을 작품 제작의 기본원리로 삼았다. 빛의 원색은 섞으면 섞을수록 흰색에 가까워지는 데 반해, 물감의 원색은 섞으면 섞을수록 검정색에 가까워진다는 데 따른 대안적 접근으로 점묘법을 채택한 것이다.

빛의 과학적 표현으로서 점묘법을 본격적으로 이론화하고 적용한 작가는 신인상주의 창시자 조르주 쇠라다. 물감을 팔레트에서 섞는 대신, 원색을 색점 형식으로 칠한 '병치혼합'으로 시각적 혼합을 꾀했던 쇠라는 밝게 부서지는 빛을 화폭에 재현하면서 화려하고 낭만적인 분위기를 연출할 수 있었다. 〈그랑드 자트 섬의 일요일 오후〉(1886)는 신인상주의의 시작을 알린 역작이다.

1891년 서른셋의 나이로 쇠라가 돌연히 사망한 후 점묘법은 폴 시냐크에게로 이어졌다. 신인상주의 이론을 정련하고 실천하여 새로운 회화 언어로 정립해낸 폴 시냐크는 쇠라와 달리 점의 회화적 표현에 주목하면서 모자이크처럼 넓적하게 크기를 확대해 작품으로 승화했다. 비슷한 때에 마티스와 칸딘스키 등은 시냐크와 다른 지점에서 점의 가능성을 발견했다. 작은 점들이 모여 거대한 화면을 구성하면서 빚어내는 운율적 효과에 탐닉하고, 무수한 점들이 연주하는 웅장한 하모니, 교향악처럼 화려한 선율에 매료된 이들은 야수파와 표현주의라는 서로 다른 길을 개척했다.

중국 양梁나라의 화가 장승요는 금릉 안락사安樂寺에 용 두 마리를 그리면서 눈동자를 그려 넣지 않았다. 사람들이 이상하게 생각하여 까닭을 묻자 "눈동자를 그리면 용이 날아가 버리기 때문이다"라고 대답했다. 사람들은 그 말을 믿지 않았다. 하는 수 없이 장승요가 용 한 마리에 눈동자를 그려 넣자 갑자기 천둥번개가 치면서 용이 하늘로 올라가 버렸다. 화룡점정畵龍點睛의 우화다. 서구미술이 점의 조형적 특질을 강조한다면 동양미술은 정서적 특질에 방점을 둔다. 자연을 인상적으로 해석해 표현하는 미법산수米法山水의 경우처럼 일종의 기법으로 미점米點을 사용하기도 하지만, 대개 동양에서 점은 정신이고 정수精髓이고 인간이고 우주이고 혼이고 넋이었다. 소설가 이외수가 『벽오금학도』에서 점 하나로 선계仙界를 열어젖힌 것처럼, 하나의 점이 삼라만상을 포괄하면서 회화적 세계는 고도의 정신적 세계로 문턱을 넘어간다.

2013년 1월 2일 머니위크에 따르면, 지난해 미술경매시장에서 낙찰총액이 가장 높았던 작가는 김환기. 출품작 40점이 총 79억 6,200만 원에 팔렸다. 또다른 '점의 작가' 이우환은 64억 9,100억 원으로 그 뒤를 이었다. 물질과 정신세계를 간단없이 이은 점 하나가 물질문명에 일으킨 크고 넓은 파장이다.

어디서 무엇이 되어 다시 만나랴
김환기 저, 환기미술관, 2005.

1940년대 청년기부터 1974년 운명을 달리할 때까지 차곡차곡 쌓아온 수필과 일기, 드로잉이 담겨 있다. 1995년 초판이 출간되었고 2005년 개정출간했다.

내가 그린 점 하늘 끝에 갔을까
이경성 저, 아트북스, 2002.

국내 유일의 김환기 평전으로 22년 전 출판된 것을 새롭게 다듬었다. 미술평론가이자 전 국립현대미술관 관장이었던 저자는 김환기의 절친한 친분관계를 토대로, 편지와 일기, 그와 교분을 가졌던 지인들의 글을 통해 김환기의 삶과 예술을 재구성한다.

of the people 09
문제는 재미다

왜 그런지 궁금해

왜 그런지 궁금해

왜 궁금한지 궁금해

왜 궁금한지를 왜 궁금해 하는지가
왜 궁금한지 나는 궁금해!

왜 그럴까?

왜 그럴까?

왜 그럴까?

세상의 모든 것이 수수께끼야!

재미난 수수께끼의 답을 찾듯
주위에 대한 호기심을 품던 한 물리학자

누군가 장난으로 던져 올린
빙글빙글 돌아가는 접시

**"내가 지금 재미난 걸 발견했어.
접시 움직임에 대한 방정식이야!"**

"재밌기는 한데, 왜 이런 걸 연구하지?
중요한 점이 뭐야?"

**"전혀 중요하지 않아.
뭐, 그냥 재미로 하는 거야!"**

24살의 나이에 박사학위
쏟아지던 주위의 기대

연구에 지쳐 어떤 아이디어도 떠오르지 않게 된
어느 날

사람들의 기대에 맞춰 사는 건 더는 못하겠어
중요한지 아닌지 따위는 잊어버리자!
하고 싶은 걸 하며 '놀자'!

접시의 움직임을 가지고 '놀다가'
그가 상상한 세계

내가 만약 전자라면 어떻게 움직일까?

걸어갈 수도 있고
날아갈 수도 있고
뒤로 갈 수도 있고…

갈 수 있는 길의 확률을 모두 더해서
전자의 위치를 예측할 수 있다!

그런데 이 아이디어를
누구나 알기 쉽게 설명할 순 없을까?

복잡한 수식 대신
그가 그린 희한한 그림 한 장
'파인만 도표'

독창적인 아이디어로
양자전기역학의 난제를 해결하며
새로운 방식을 제시

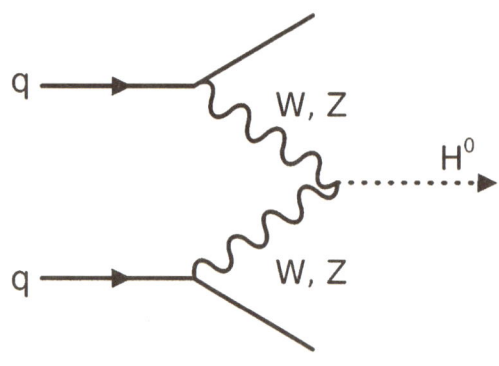

"축하합니다! 노벨상을 수상하셨어요!"

"아니, 그것 때문에 이 새벽에 전화했소?
그런데… 노벨상을 안 받을 수는 없소?
난 그저 재미로 물리학을 했을 뿐이오!"

아인슈타인 이후
최고의 천재로 평가받는 물리학자
리처드 파인만

하지만 노벨상보다 그가 원했던 것

"무언가를 발견하는 즐거움보다
더 큰 상은 없다."

내가 하려는 일이 물리학의 발전에
얼마나 기여하는가는 중요치 않다
문제는 그 일이 얼마나 즐겁고 재미있느냐다
— 리처드 파인만 1918-1988

of the people 09 +
물리학자, 금고털이, 봉고연주자

　리처드 파인만Richard Feynman은 1918년 뉴욕시 퀸즈의 작은 마을 파 락어웨이, 중산층 유대인 가정에서 태어났다. 가족사에 의하면 아버지 멜빌 파인만은, 만약 사내아이가 태어나면 틀림없이 과학자가 될 거라고 자신했다고 한다. 파인만이 글을 읽자 멜빌은 『브리태니커 백과사전』을 사주었고, 걸음마를 떼자 자연사박물관으로 안내했다. 지식에 접근하는 과정과 호기심을 중요하게 여긴 멜빌의 교육관은 파인만을 독창적이고 자유분방하고 상상력이 풍부한 아이로 키워냈다. 아인슈타인 이후 세계 최고의 이론물리학자로서 파인만이 봉고연주자, 금고털이, 재담꾼, 삼바스쿨 멤버라는 다양한 이력을 써내려갈 수 있었던 이유일 테다. 파인만은 1939년 MIT를 졸업하고 24세에 프린스턴대학에서 박사학위를 받았다. 그리고 곧 '맨해튼 프로젝트'에 차출되었다.
　맨해튼 프로젝트는 1942년부터 1946년까지 진행된 미국의 원자폭탄 제조계획이다. 나치 독일이 핵폭탄 제조에 들어갔다는 소식을 접한 아인슈타인은 1939년 8월 프랭클린 루스벨트 미국 대통령에게 편지를 보내 "독일보다 먼저 핵폭탄을 만들어야 한다"고 촉구했다. 루스벨트 대통령이 제안을 수용하면서 1942년 9월 로스알라모

RICHARD FEYNMAN

스에 연구소가 설립되었다. 파인만은 베테, 보어, 페르미, 프리쉬, 폰 노이만 등 미국과 유럽의 수학자, 물리학자들과 함께 합류했다. 물리학자 오펜하이머의 지휘 아래 24억 달러(현재 한화 약 25조 원)라는 천문학적 지원을 받으며 과학자들은 비밀리에 핵폭탄 제조에 돌입했고, 1945년 7월 15일 뉴멕시코 사막에서 성공적으로 실험을 마쳤다. 그리고 8월 6일과 9일, 일본 히로시마와 나가사키에 원자폭탄 '리틀보이'와 '팻맨'이 투하되어 20만 명이 목숨을 잃었다. 평생 "끔찍한 물건을 만들었다"는 죄책감에 시달린 오펜하이머는 훗날 수소폭탄 제조를 거부하면서 매카시즘의 희생양이 되었다. 실험이 성공했을 때 누구보다 기뻐했던 파인만도 참혹한 결과에 충격을 받았다. 그는 두 번 다시 기밀실험에 참여하지 않았다.

물리학계의 호모 루덴스

네덜란드 문화사학자 요한 호이징가는 인간의 본질이 호모 사피엔스(생각하는 인간)도, 호모 파베르(만드는 인간)도 아닌 '호모 루덴스Homo Ludens(놀이하는 인간)'라고 보았다. 문화가 놀이를 만든다는 종래의 관점을 뒤집어 놀이가 문화를 만든다는 파격적인 주장을 개진한 것이다. 이때 놀이는 일상 밖에서 행하는 자유로운 행위이며, 놀이하는 사람을 강렬하게 사로잡는다는 특징을 지닌다.

전형적인 호모 루덴스, 리처드 파인만은 어디서나 재미를 찾아 놀이로 발전시켰다. 로스알라모스 시절 그는 재미로 동료들의 서류함을 '털었다.' 안식년에 방문한 브라질에서는 삼바스쿨에 가입해 대회에 출전했다. 권위를 거부하고 틀에 얽매이지 않는 분방한 성격은 코넬대 이론물리학 조교수로 재직하다가 1950년 캘리포니아공과대 교수로 자리를 옮긴 후에도 여전했다. 그는 신분을 속이고 학생들의 물리숙제를 대신 해주는가 하면, 작은 지하강의실에서 학부생들만을 대상으로 '물리학 X'라는 학점 없는 강의를 수년 동안 진행하기도 했다. 접시돌리기 묘기를 구경하던 중 떠오른 의문, "왜 가운데 그림이 도는 속도가 흔들리는 부분의 회전보다 느린가"를 '재미삼아' 연구하여 방정식으로 정리했다. 그는 이 방정식을 역시 '재미삼아' 그림으로 단순화했고, '파인만 다이어그램Feynman diagram'은 양자전기역학 재규격화이론을 정립하는 데 결정적으로 기여했다. 1965년 파인만은 J.S.슈윙거, 도모나가 신이치로와 함께 노벨물리학상을 공동수상했다. 수상소감은 다음과 같다. "제가 보기에 그 이론은 단지 난점을 깔개 밑에 쓸어넣어버린 것입니다. 당연히 저는 그 이론을 확신하지 않습니다." (여기서 '그 이론'은 양자전기역학 재규격화이론을 말한다.)

상자 속 고양이가 펼쳐 보인 우주

독일 물리학자 막스 보른이 이름붙인 양자역학quantum mechanic

은, 띄엄띄엄 떨어져 양量으로 존재하는 무언가quantum가 힘을 받으면, 어떠한 운동을 하는지mechanic를 밝히는 물리학이론이다. 원자, 분자, 소립자 등 미시적 대상에 적용되는 것으로, 상대성이론과 함께 고전물리학과 현대물리학을 나누는 기점으로 평가된다.

뉴턴으로 대표되는 고전물리학은 "현재 상황을 정확히 알고 있다면 미래의 어느 순간에 어떤 일이 일어날지 정확히 예측할 수 있다"는 결정론에 기반한다. 반면 양자역학은 확률론을 따른다. 오스트리아의 이론물리학자 슈뢰딩거는 1935년 '상자 속에 갇힌 고양이'를 통해 양자역학의 세계관을 설명한다. 고양이 한 마리가 독가스를 뿜는 가스총이 설치된 상자 안에 갇혀 있다. 가스총은 방사능

측정기와 연결돼 있어서, 방사능 물질의 원자핵이 붕괴하면 방사능 측정기가 이를 감지하여 방아쇠를 당긴다. 고전물리학의 세계에서는 상자 속 고양이는 죽거나 살아 있는 두 상태 중 하나일 수밖에 없다. 하지만 양자역학은 상자를 열어보기 전까지, 즉 관찰자가 개입하기 전까지 고양이는 산 것도 죽은 것도 아닌 두 가지가 중첩된 상태에 놓여 있다고 말한다. 20세기 초 물리학계를 뒤흔든 이른바 '슈뢰딩거의 고양이' 사고思考실험이다.

보어가 "보고도 머리가 아프지 않다면 제대로 이해하지 못한 것"이라고 말할 만큼 난해하기로 이름난 양자역학은, 그럼에도 여러 방면에 수용되어 기술적·문화적 진보를 낳았다. 특수상대성이론과 접목시킨 양자이론은 기본입자에 대한 이론으로 확립되었고, '21세기의 혁명' 나노기술에도 양자역학의 혁신이 깔려 있다. 비록 현실세계에서 '반죽음 상태의 고양이'를 구현할 수는 없었지만 미립자들의 세계가 보여준 불확실성, 우연성, 불가능한 것의 가능성은, 과학은 물론 철학, 문학, 예술, 사상에 영향을 끼치면서 고전물리학에 근거한 확고부동한 세계관에 균열을 가져왔다.

2007년 호주 퀸즐랜드대 연구원 정현석 박사는 프랑스 공동연구팀과 함께 상상 속에만 존재하던 '슈뢰딩거의 고양이'를 구현했다. 광자光子를 생성한 뒤 광자빔을 둘로 나누고, 한쪽에 특별한 광학적

조치를 가해 다른 한쪽에 광자가 나타나도록 한 실험에 성공한 것이다. 8월 16일 네이처에 관련 논문이 게재되면서 미시세계의 양자중첩을 거시세계에서도 실현할 수 있다는 가설이 사실로 증명되었다.

1982년 파인만이 주창한 양자컴퓨터도 현실적인 단계에 와 있다. 파인만은 컴퓨터가 검토해야 하는 엄청난 양의 답 중에 정답만 살아남도록 양자중첩상황을 조작하면, 컴퓨터로 수백 년 이상 걸리는 암호도 단 몇 분 만에 풀 수 있다고 주장했다. 양자중첩은 양자컴퓨터의 정보단위인 양자비트 또는 큐비트quantum bit에서 0과 1이 조화롭게 중첩된 상태로, 양자비트 하나가 늘어날 때마다 동시에 나타낼 수 있는 정보는 두 배씩 기하급수적으로 늘어난다. '한물 간 물리학자의 헛소리' 쯤으로 치부되었던 아이디어는 1997년 IBM이 2비트 양자컴퓨터를 개발하면서 구체화되었다. 2012년 2월 IBM은 "실질적인 양자컴퓨터가 손에 잡히는 거리에 놓여 있다"면서 "양자컴퓨터는 큐비트 스크롤링을 통해 한 번에 수백만 번의 연산을

할 수 있으며, 하나의 250큐비트 상태는 우주에 있는 입자보다도 더 많은 정보를 갖게 될 것"이라고 발표했다.

호기심에서 출발한 마지막 여행

1977년 파인만은 랠프 레이턴, 글렌 코웬 등 물리학자 친구들과 대화를 나누던 중 우연히 중앙아시아에 위치한 '탄누 투바'를 알게 된다. 그리고 이들은 아직 방문한 서구인이 없고, 수도가 자음만으로 이루어진 키질Kyzyl이라는 이유만으로 투바에 가기로 결심한다. 당시 투바는 냉전시대 소련의 영향력 아래 놓여 있었는데, 특히 키질은 우라늄의 대량생산지로서 소련의 '원자도시' 역할을 수행하고 있었다. 소련과 적대관계였던 미국 시민이 키질을 방문한다는 건 불가능에 가까웠지만, 파인만 일행은 '노벨물리학상 수상자' 레이블이나 국가의 도움 없이 차근차근 '투바 방문 프로젝트'를 준비했다.

투바에 다가가려는 파인만 일행의 노력은 눈물겨웠다. 투바어-몽골어-러시아어 관용구사전을 동원해 투바 관련 자료들을 모으고 현지 투바인에게 편지를 쓰는가 하면, 우여곡절 끝에 도착한 편지를 해독하느라 몇 개의 사전을 경유하며 끙끙거렸다. FBI에 편지를 검열당하고, 파인만이 네 차례에 걸쳐 암수술을 받고, 1986년 1월 28일 발사 후 73초 만에 공

중폭발한 우주왕복선 챌린저호 참사원인을 규명하고자 조직된 조사위원회에서 활약하는 동안에도 투바 프로젝트는 계속되었다.

1988년 2월 15일 리처드 파인만이 지병으로 사망한 지 얼마 지나지 않아 투바로부터 초청장이 도착했다. 랠프 레이턴, 글렌 코웬이 투바를 방문하면서 프로젝트는 11년 만에 완료되었다.

파인만 씨, 농담도 잘 하시네 1·2
리처드 파인만 저, 김희봉 역, 사이언스북스, 2000.

대부분의 평전이 업적 중심의 방식으로 인물을 구성하는 데 반해, 이 책은 생애별 에피소드를 중심에 두었다. 재미를 쫓아다니며 생 자체를 모험으로 만든 파인만의 성격에 딱 맞는 기술법이다. 엉뚱한 일화들이 파인만을 입체적으로 구성한다.

파인만의 여섯 가지 물리 이야기
리처드 파인만 저, 박병철 역, 승산, 2003.

캘리포니아공과대학 교수 파인만이 학부생들을 대상으로 한 강의를 묶어 낸 책이다. 어려운 고전물리학에 흥미를 잃어가는 학생들의 눈높이에 맞춰 쉽고, 재미있고, 독창적인 설명법을 도입했다고 한다. 하지만 분야에 대한 기초지식과 관심, 상상력이 없는 사람에게는 여전히 어렵다. '전형적인 문과생'에게는 물리학보다 파인만에 대한 이해에 깊이를 더한다.

of the people 10
아미시 프로젝트

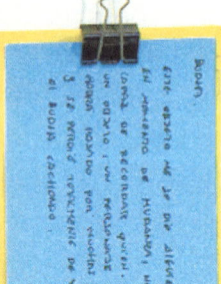

"안녕, 제이크."
"제이크, 별 일 없지?"

하루 50통의 문자메시지를 보내고
250명의 멘션을 읽고
1시간 30분 온라인 친구와 교류하던
평범한 미국 대학생 제이크 라일리

도대체 이게 뭐지?
이게 진짜 삶일까?

모니터 대신
'진짜 세상'을 들여다보기로 결심

문명의 이기를 거부하고 살아가는
'아미시 공동체'에서 이름을 딴
일명 '아미시 프로젝트The Amish Project'를 시작한다

"올해 말까지는 e메일을 사용하지 않아요.
감옥이나 재활원에 가는 건 아니고,
약간의 인생 리모델링을 하고 싶어요."

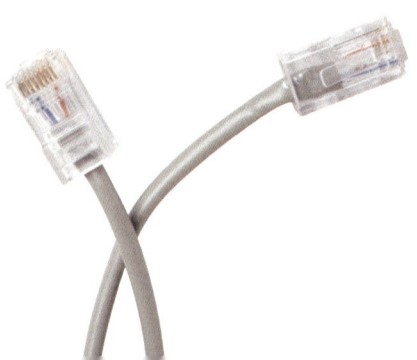

야심차게 시작한 도전 첫날
컴퓨터의 소음
휴대전화의 알람소리가 사라지자
견딜 수 없는 침묵

"불안과 걱정, 고립감을 느꼈죠."

결국
공중전화로 향한 제이크

"미안, 지금 전화 받기 좀 곤란한데…
내가 다시 걸게."

공중전화 앞에 우두커니 앉아
친구의 전화를 기다린다

그렇게 2주 후…

'내가 지금 여기서 뭐하고 있는 거지?'

자신만의 연락 규칙을 만든다.

And where I was at 8:00!

창문에 호박을 두면
'집에 있으니 들어오라'는 신호
친구의 집 앞, 유리창, 눈밭에 메시지를 남기며
다양한 방식을 시도

"8시에 내가 있는 곳으로 와!"

조금씩 그의 생각을
인정하기 시작하는 친구들
그를 위해 만들어준 게시판

140자 타이핑 대신
손으로 쓴 편지들

"안녕, 제이크."

"제이크, 별 일 없지?"

3개월의 실험이 끝난 후

"함께 시간을 보내고자 하는 이들이
누구인지 알게 됐다.
일상이 더 낭만적일 수 있음을 깨달았다."

— 제이크 라일리

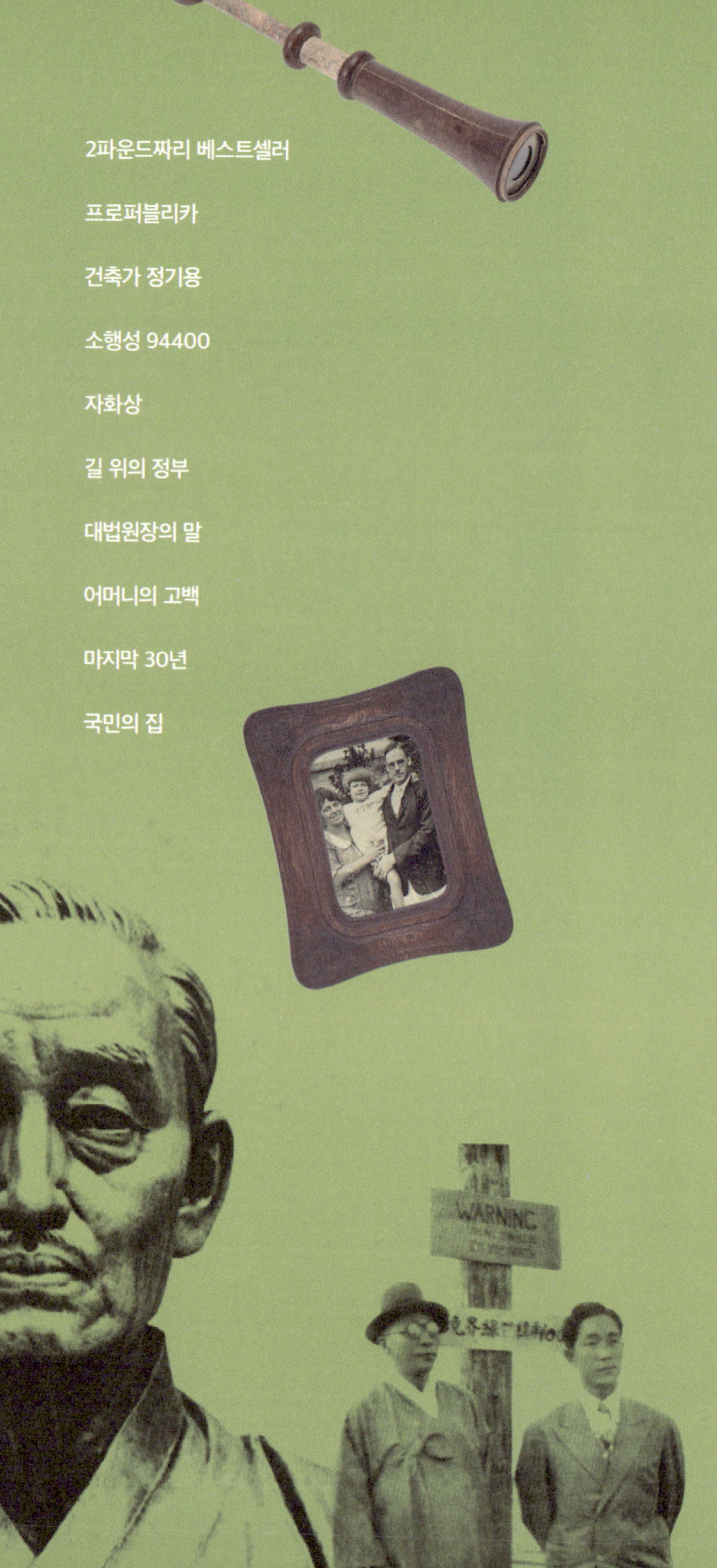

2파운드짜리 베스트셀러

프로퍼블리카

건축가 정기용

소행성 94400

자화상

길 위의 정부

대법원장의 말

어머니의 고백

마지막 30년

국민의 집

BY THE PEOPLE

by the people 11

2파운드짜리 베스트셀러

서점과 신문판매대에 깔린
작은 책 한 권

'이것은 국민과의 계약이다.
교육이 최우선 과제가 될 것이다.
실패한 경제와 사회 분야 지출을 줄이고
교육 분야의 지출을 늘릴 것이다.'

정책의 우선순위를 정하고

'연간 1억 8,000만 파운드가 소요되는
엘리트 교육제도를 폐지하고 그 재원으로
5,6,7세 아동의 학급 규모를 30명 이하로 줄인다.'

수치, 공정, 재원 등이 포함된 구체적인 내용을 밝히며

'25만 명의 청년실업자에게
복지혜택을 중단하고 직장을 구하도록 한다.
이를 위해 민간 부분에 취직시킨다.
비영리 봉사활동자로서 취직시킨다.
자격취득을 위한 전일제 학습을 실시한다.
노동당 시민서비스프로그램과 관련된 환경프로젝트팀과
일하게 한다.'

정책 실현을 위한 로드맵을 제시한다

실행을 전제로
단호한 의지를 담은
100만 부가 팔린 베스트셀러

2파운드짜리(약 4,000원) 선거공약집
매니페스토

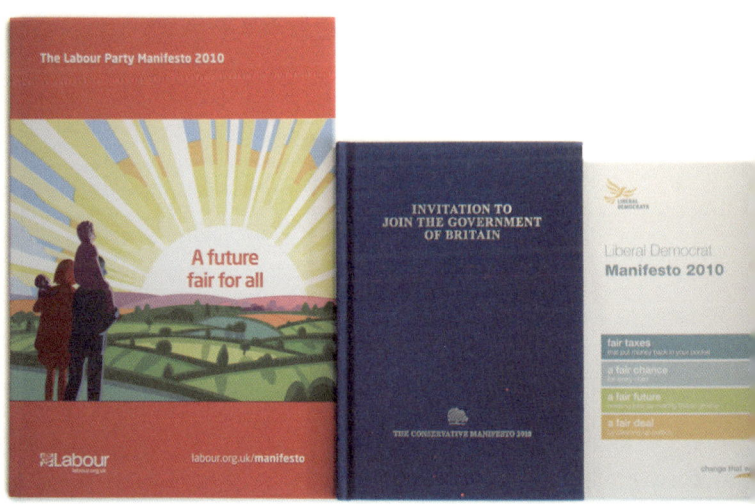

"더 이상 표를 얻기 위한
거짓말을 하지 않겠다."

1834년 보수당 당수 로버트 필의
선언에서 시작된 선거공약집

선거는 매니페스토 배포와 함께 시작되고
판매 수익은 정당의 선거자금으로 활용된다

최소한 국민의 50%는
매니페스토를 제대로 읽는다
— 영국의 한 여론조사기관

각 정당의 정책을 비교하고 판단하는 국민과
거리유세가 필요 없는 조용한 선거가 가능한 나라

200년 가까운
매니페스토 역사 가운데
영국 정치계의 바이블로 평가되는
1997년 토니 블레어의 매니페스토

"우리들은 이와 같은 노력을 하고 있습니다.
유권자 여러분도
스스로 기회를 잡으려는 노력을 하기 바랍니다."

매니페스토는 정보를 갖춘 시민을 양성하여
정치참여의 질을 높이는 데 기여한다
— 이현출, 국회도서관 입법정보연구관

by the people 11 +
빠져나갈 길 없는 절대공약

매니페스토Manifesto는 라틴어 manifestum에서 파생한 이탈리아어로 '분명한 의미'를 뜻한다. 1955년 버트런드 러셀과 아인슈타인이 핵과 핵전쟁에 대한 반대를 표명한 'Russell-Einstein Manifesto'처럼 '성명서'라는 의미로 사용되기도 하지만, 정치에서는 정치가나 정당이 국민에게 제시하는 '참공약'을 가리킨다. 정책에 대한 목표와 실현방법, 실현에 필요한 기한과 재정조달 방법 등을 명시하는 매니페스토는 무책임한 공약 남발을 원천봉쇄하고 구체적인 정책을 유권자에게 약속하여 책임감 있는 선거문화 정착을 목적으로 한다. 선거 전에는 국민이 정당이나 정치가를 선택하는 기준이 된다는 점에서, 당선 후에는 정치가나 정당이 공약을 확실히 지키고 있는가를 평가하고 검증하는 기준이 된다는 점에서 일반 선거공약과 다르다. 도쿄신문 정치부 기자 카나이 타츠키는 정책, 기한, 재정에 관한 내용을 서술하지 않는 공약은 '소망집wish list'에 불과하다고 단언한다.

매니페스토의 기원은 19세기 영국이다. 1835년 영국 탬워스Tamworth 지방선거에서 보수당 후보 로버트 필은 "겉으로만 번지르르한 공약은 순간의 환심을 살 수는 있으나 결국은 실패한다"면서

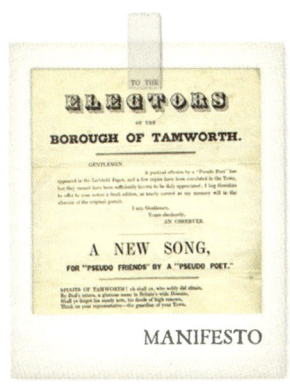

실질적인 공약의 필요성을 강조했다. 그의 'Tamworth Manifesto'를 시작으로 영국 총선은 각 정당이 책자로 된 매니페스토를 만들어 배포하는 것이 관례로 자리 잡았다.

매니페스토는 투표일 한 달 전 일반 유권자에 공표되며 선거기간 중에는 일반서점에서 권당 2파운드에 팔린다. 판매량은 어마어마해서 1997년 노동당 매니페스토는 100만 부 이상 판매되기도 했다. 발표된 매니페스토는 철저하게 사후검증이 이루어진다. 총선에서 승리한 정당은 선거 직후 매니페스토 이행체제를 구축하고, '여왕의 연설' '화이트(또는 그린)페이퍼' 형식으로 이행과정을 해마다 발표한다. 연차보고서는 책자로 만들어 서점에 배포하여 유권자들이 쉽게 집권당의 공약집행 성과를 알 수 있게 했다.

매니페스토 평가는 공약의 구체성, 검증가능성, 달성가능성, 타당성, 기한명시 등 다섯 항목의 앞 글자를 딴 'SMART 지수'와 'SELF 지수(공약의 지속성, 자치력 강화, 지역성, 후속조치)'에 기준하여 이루어진다.

매니페스토의 치명적인 매력

영국의 역사적인 매니페스토 두 개를 꼽는다면 1979년 마거릿 대처의 보수당 매니페스토와 1997년 토니 블레어의 노동당 매니페스토로 둘 다 18년 만에 정권을 잡는 데 성공한 매니페스토다. 특히 1997년 매니페스토는 보수당의 장기집권을 끝내고, 당시 나이 마흔넷이었던 토니 블레어를 수상에 올리면서 매니페스토의 대명사가 되었다.

노동당의 매니페스토 생산기간은 약 2년이다. 첫해에는 당수와 간부로 구성된 소수의 합동의회위원회JPC와, 의원단과 노조대표 100여 명으로 꾸려진 전국정책포럼NPF이 반복해서 정책을 논의한다. 이런 과정을 거쳐 초안이 완성되면, 합동의회위원회는 주로 정책과제를 결정하고 전국정책포럼은 각론을 검토하는 식으로 역할을 분담한다. 논의는 공개적으로 이루어지며 정책결정과정은 언론을 통해 국민에 알린다. 이듬해 전당대회에서 최종안을 확정하기 전까지 각 위원회는 다시 한 번 공약의 실현가능성 여부를 점검한다. 1997년 매니페스토는 각 공약마다 자세한 재원마련 방법을 포함하면서 유권자의 지지를 얻었다. 학급규모를 줄이는 데 필요한 돈을 마련하기 위해 1,800억 파운드가 드는 엘리트 교육을 단계적으로 폐지하겠다는 식이다. 여론조사기관 MORI가 1997년 선거 전에 실시한 조사 결과, 유권자들이 호감을 보인 정책은 11 대 5로 노동당이 보수당에 절대 우위를 차지했다. 노동당의 승리는 결국 매니페스토의 승리인 셈이다.

유권자들의 정치수준을 높이고 관심을 환기하는 수단으로서 매니페스토는 세계 각지로 퍼져나가 톡톡한 효과를 거두었다. 2003

년 중의원선거에서 처음으로 당과 시민단체, 언론, 민간연구소가 함께 만든 매니페스토를 선보인 일본 민주당은 2009년 총선에서 '국가공무원 인건비 20% 삭감, 중의원 비례정수 80명 축소, 자녀 1인당 월 2만 6,000엔 지급' 등의 내용을 담은 매니페스토로 자민당 54년 집권을 무너뜨렸다. 그러나 고교 무상교육, 고속도로통행료 무상화 등 매니페스토를 실천하지 못하면서 점차 수세에 몰렸다. 하시모토 총리는 오키나와의 미해병대 공군기지 이전을 공약했다가 미국과의 갈등으로 좌절돼 8개월 만에 낙마했고, 뒤이은 간 나오토 총리도 약속에 없는 소비세 인상을 주장했다가 참의원선거에서 대패했다. 자민당 독주를 무너뜨린 매니페스토는 부메랑이 되어 2012년 12월 민주당을 실각시켰다.

독일에서는 매니페스토와 비슷한 성격의 '발-오-마트Wahl-O-Mat' 시스템을 운영한다. 유권자가 정치·경제·사회·환경 분야에 관한 20여 개 질문에 차례로 답변을 해나가면 최종적으로 자신이 어느 정당과 정책성향 면에서 가장 일치하는지를 알려주는 시스템으로 2002년 독일 연방의회선거에 처음 가동되어 선거기간에만 약 360만 명이 참여했으며, 2005년에는 사용자가 500만 명을 넘어섰다.

공약公約은 공약空約일 뿐 이행하지 말자?

한국의 매니페스토는 고질적인 병폐로 지목돼왔던 돈봉투선거, 연고선거, 중상모략·허위비방 선거, 이미지·바람몰이 선거, 선전·선동 선거의 대안으로서 2006년 5·31 지방선거에 도입되었다. 이후 수차례 선거에서 활용되었으나 별다른 효과를 보지 못했다. 매니페스토가 10여 장에 불과해 완성도가 떨어지는데다, 수많은 후보들의 출마로 인해서 한 명 한 명의 매니페스토를 읽어볼 여력이 없었다는 분석이다. 참공약을 알리고 유권자들의 정치참여를 유도하려는 의지가 박약한 것도 문제로 지적되었다. 일례로, 2006년 국회 예·결산특별위원회는 2007년 매니페스토 지원예산 20억 원 가운데 19억 원을 삭감하고 1억 원만을 편성해 구설에 올랐다. 상황이 이렇다보니 공약실천율도 낮다. 2012년 한국매니페스토실천본부는 18대 국회의원의 공약완료율이 35.1%에 불과하고, 국회의원 중 18.3%는 공약이행에 대한 정보공개를 거부했다고 밝혔다.

이에 대해 일각에서는 한국의 정치지형이 매니페스토가 자리 잡기 어렵다는 의견을 제기한다. 내각제와 달리 대통령제는 인물대결이 불가피하고, '대통령 단임제'가 정책업적과 기록에 관한 공방을 벌일 수 없도록 한다는 것이다. 선거 때마다 '네거티브 캠페인'이 맹위를 떨치는 이유다.

네거티브 캠페인은 중상, 비방, 인신공격을 활용하여 상대방의 결점과 실수를 부풀려 공격하는 선거운동이다. 부정적인 정보가 긍정적인 정보보다 설득효과가 크다는 이른바 '부정성 효과'에 근거한다. 유권자들이 선거에 더 많은 관심을 기울이게 하고 쟁점이 되는 사안에 대한 지식습득을 촉진하는 반면, 확인되지 않는 흑색선전이 난무하는 선거분위기를 조성한다는 점에서 네거티브 캠페인은 양날의 검이라 할 수 있다. 실제로 2002년 선거판을 뒤흔들었던 한나라당 이회창 후보 아들 병역면제 의혹은 2004년 대법원 판결에서 거짓으로 드러났다.

2012년 12월 21일 동아일보는 "朴 당선인, '공약의 재앙'도 걱정해야"라는 제목의 사설을 실었다. 이 글에서 동아일보는 "선거과정에서 내놓은 공약 모두를 곧이곧대로 지키려고 하다가는 나라살림을 망치고 민생을 더 고단하게 만들 수 있다"고 충고했다. 경제민주화, 비정규직의 정규화 등의 공약에 대해서도 "표를 얻기 위해 제시했던 과도한 공약은 이제 현실에 맞게 보정해야 한다"면서 "대통령의 책임은 후보시절에 한 약속보다 훨씬 엄중하다. '공약의 재앙'을 막는 것이 국민과 국가를 위하는 길이다. 공약의 타당성을 재검토하고 우선순위를 따져야 한다"고 조언했다.

매니페스토의 탄생
카나이 타츠키 저, 이홍천·김재용 역, 다산초당, 2006.

2003년 매니페스토를 도입한 일본을 중심으로 미국과 유럽의 매니페스토의 역사와 시행현장을 취재했다. 정치부 기자 출신답게 매니페스토의 역사와 만드는 과정, 효력, 한계 등 구체적인 내용을 풍부한 자료와 쉬운 글쓰기로 일러준다.

FILM

일렉션
알렉산더 페인, 미국, 103분, 청소년 관람불가, 1999.

고등학교 학생회장 선거에 서로 다른 목적으로 출마한 소년소녀들과, 지나친 권력욕을 견제하려는 윤리교사가 뒤엉켜 '선거에 관한 거의 모든 것'을 보여준다. 〈사이드웨이〉 〈디센던트〉 등을 연출한 알렉산더 페인의 초기작으로, 엉큼하고 독창적인 아이디어는 예나 지금이나 여전하다.

by *the people* **12**

프로퍼블리카

3일에 1개꼴로
기사를 내고
1명의 기자가
1년 동안
평균 3건의 기사를 쓰는 곳

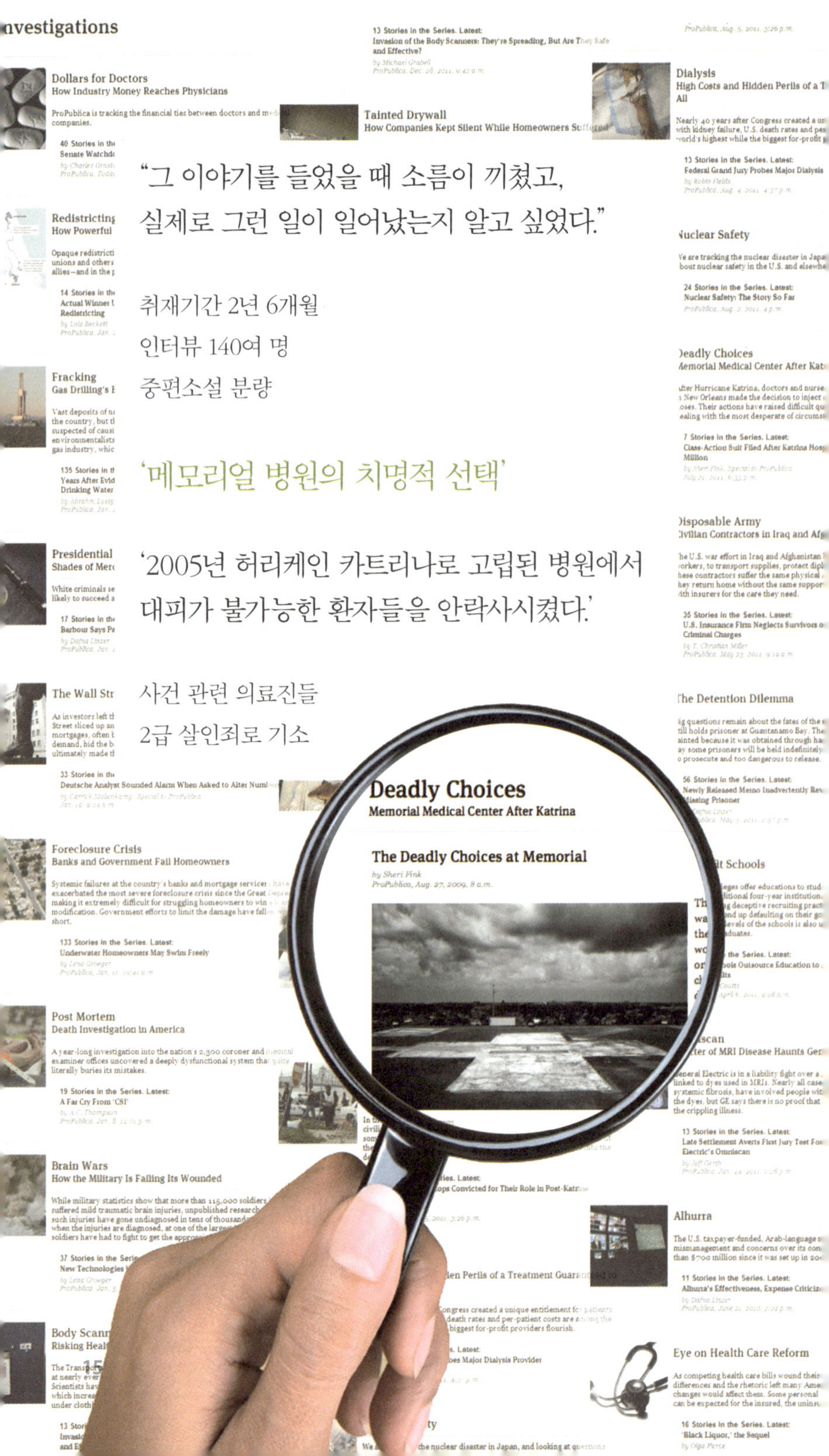

"그 이야기를 들었을 때 소름이 끼쳤고,
실제로 그런 일이 일어났는지 알고 싶었다."

취재기간 2년 6개월
인터뷰 140여 명
중편소설 분량

'메모리얼 병원의 치명적 선택'

'2005년 허리케인 카트리나로 고립된 병원에서
대피가 불가능한 환자들을 안락사시켰다.'

사건 관련 의료진들
2급 살인죄로 기소

취재기간 1년 6개월
금융회사들의 증권거래내역을 일일이 확인해서
10개의 시리즈 기사로 연재한

'월스트리트 머니머신'

"금융회사들은 주택시장 거품이 꺼질 것을
미리 알았으면서도
투자자들에게 증권을 팔아넘겨
자신들의 보너스를 챙겼다."

조사에 착수한 금융당국이
금융회사들에 부과한 천문학적인 액수의 벌금

2010년 퓰리처상 수상
2011년 퓰리처상 수상
온라인 매체로는 최초로 2년 연속 수상

"우리는 권력을 남용하는 사례에 집중한다.
우선 취재 대상은 정부와 기업이다.
그들이 가장 강력한 권력을 행사하기 때문이다."

언론재벌 루퍼트 머독에게 팔린
월스트리트저널

편집장 폴 스타이거가
40년 기자생활을 정리하고
전·현직 기자 30여 명과 창간한 언론
프로퍼블리카

"돈과 권력으로부터 독립된 언론사를 만들겠다."

어떤 간섭도 받지 않기 위해
광고 대신 '기부금'을 선택한
비영리 독립 언론사

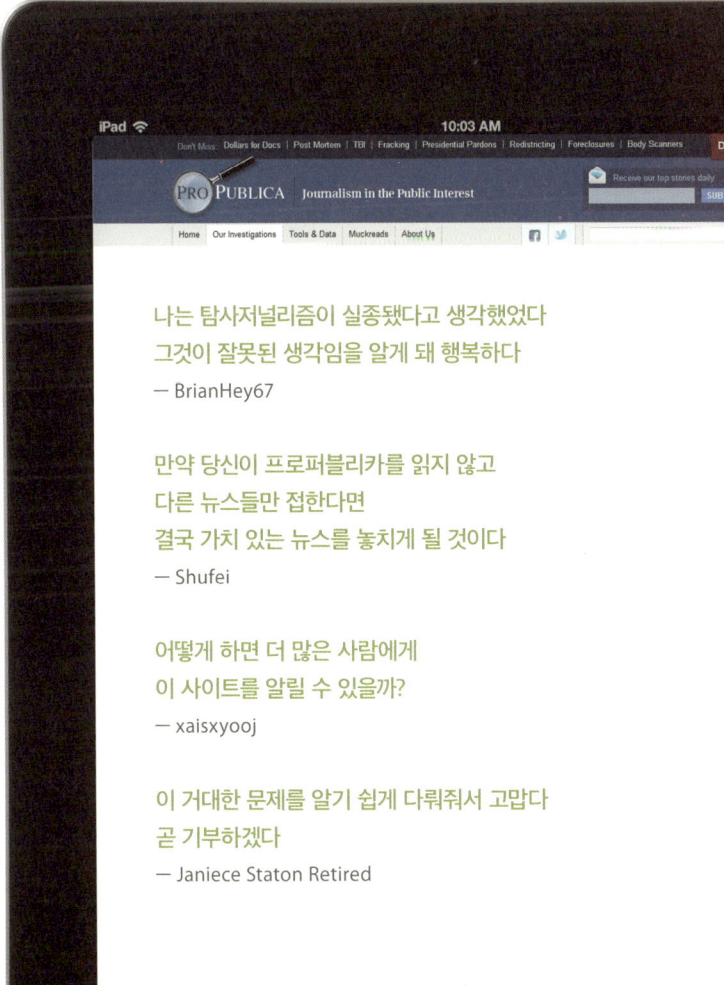

by the people 12+
사실은 진실이 아니다

 탐사보도는 "사실은 진실이 아니다"라는 명제 하에 사건의 이면을 적극적으로 파헤치는 언론보도 방식으로, 19세기 미국에서 유행한 폭로기사 muckraking 정신을 계승한다. '배설물'이라는 뜻의 muck, '갈퀴질'이라는 의미의 raking이 결합한 영어단어가 암시하듯이, 권력과 자본의 부정, 부패, 비리, 위선을 파헤쳐 폭로, 고발하는 것을 목적으로 한다. 1972년 '워터게이트사건' 기사는 탐사보도의 가장 유명한 예다. 워싱턴포스트 기자 칼 번스타인과 밥 우드워드는 공화당 닉슨 대통령이 워터게이트 빌딩에 입주한 민주당 사무실에 도청장치를 설치했다는 사실을 폭로했다. 한 줄의 기사는 미국 정가를 뒤흔들었고 '현직 대통령 사임'이라는 초유의 사태로 귀결되었다.

 자본과 권력의 치부를 들추는 만큼 탐사보도는 소송, 압력, 협박 등 여러 위험에 노출된다. 1976년 미국 지역언론 애리조나리퍼블릭의 탐사전문 기자는 마피아 문제를 취재하던 중 피살되었다. '애리조나 프로젝트'는 이 사실을 접한 미국 각지의 기자들이 휴직과 퇴직을 자처하고 애리조나에 모여 탐사보도팀을 구성, 진상을 파헤쳐 보도한 사건이다.

PAUL STEIGER

　프로퍼블리카ProPublica는 미국 뉴욕의 비영리 탐사전문 온라인 언론사다. 샌프란시스코에서 40여 년간 운영해오던 투자회사 골든웨스트파이낸셜을 매각해 막대한 자금을 확보하게 된 샌들러 부부는 2007년 언론재벌 루퍼트 머독이 월스트리트저널을 인수하자 사표를 제출한 월스트리트저널 편집국장 폴 스타이거에게 자본과 권력에 독립적인 언론사를 제안한다. 해마다 1,000만 달러(약 110억 원)를 제공하되 어떤 논조의 무슨 기사를 쓰든 관여하지 않겠다는 전제였다. 이에 폴 스타이거는 전·현직기자 30여 명과 함께 프로퍼블리카를 설립했다. 프로퍼블리카가 '비영리 탐사전문' 매체로 존립할 수 있는 배경이다.

　2009년 프로퍼블리카는 '메모리얼 병원의 치명적 선택'으로 퓰리처상을 수상했고, 2010년에는 헤지펀드 회사 '매그니타'를 심층 취재한 '월스트리트 머니머신'으로 또 한번 퓰리처상을 받았다. 온라인 매체로 퓰리처상을 거머쥔 건 프로퍼블리카가 처음이다. 상업광고 없이 기부로만 운영되는 프로퍼블리카의 궁극적인 목표는 '공익을 위한 보도'다. 이를 위해 연 5,000달러 이상의 기부자는 웹에서 실명을 공개하고, 기자들은 취재와 관련한 향응이나 편익을 일절 제공받지 않으며, 매해 초 윤리강령에 서명하는 등 깐깐한 정화 시스템을 가동하고 있다.

기계적 중립성을 거부하는 주관적 보도의 힘

1987년 1월 14일 서울대학생 박종철이 치안본부 남영동 대공분실로 연행되었다. 운동권 선배 박종운의 행방을 추궁 당하던 박종철은 물고문과 전기고문 끝에 사망했다. 이튿날 경찰은 그의 사인을 '단순 쇼크사'라고 발표하며 사건을 은폐하려 했다. "책상을 '탁' 하고 치니 '억' 하고 쓰러졌다"는 설명이었다. 전두환 정권의 삼엄한 언론통제 아래 묻힐 뻔했던 진실은 동아일보의 탐사보도로 세상에 공개되었고, 일련의 추모집회와 규탄대회는 '6월 항쟁'으로 이어졌다. 민주화에 대한 전국민적 요구는 결국 대통령직선제 개헌과 평화적 정부이양, 자유로운 출마와 공정한 경쟁을 보장하는 대통령선거법 개정 등을 골자로 하는 '6·29선언'으로 귀결되었다. 이 밖에도 해방 후 좌익세력을 진압하는 과정에서 무고한 양민들이 희생되었다는 사실을 밝힌 1989년 제민일보의 '4·3은 말한다', 수사기관이 인권을 유린하는 현실을 폭로한 1994년 부산매일신문의 '부산 만덕국교 강주영양 유괴살해 사건 고문조작' 등의 탐사보도는 정치적·사회적 각성과 변화를 주도했다.

시의성과 상관없이 자본과 권력의 이면을 끝까지 파고드는 탐사보도는 언론의 신뢰를 유지하고 사회의 투명성과 혁신을 제고하는 데 핵심적인 역할을 수행한다. 김영호 언론광장 공동대표는 "최근 보도를 보면 실체적 진실에 다가가려는 노력을 하는 언론매체가 드물다"면서 "일회성 보도로 독자의 호기심만 유발하고 제대로 된 진실과 실체는 알려주지 못하는 타블로이드 저널리즘이 연상된다"고 말했다. 여기에는 뉴미디어의 활성화, 언론환경의 변화 등 외부적인 요인도 있지만 언론을 통제하려는 권력의지도 한몫을 담당한다. 김영호 대표는 이명박 정부 들어 친정부적인 신문과 방송매체들이 권력에 대한 비판을 포기하면서 이슈다운 이슈가 만들어지지 못하고 있고, KBS와 MBC의 탐사프로그램들이 잇단 언론탄압에 유명무실해졌다고 지적했다.

2008년 11월 KBS 〈생방송 시사투나잇〉은 〈시사터치 오늘〉로 이름을 바꾸고 방송시간대와 제작진을 교체하면서 사실상 폐지되었다. 첫 방송부터 '권력의 나팔수'로 부역한 KBS의 역사를 되짚는 등 성역 없는 비판정신으로 화제를 모았던 〈미디어포커스〉도 같은 운명에 처했다. '황우석 사건' '한미 FTA' '국가보안법' 등 굵직한 이슈를 다뤄온 MBC 〈피디수첩〉은 2008년 4월 28일 '광우병 소고기'를 연속방영한 후 각종 송사에 시달렸다. 2009년 3월 3일 민동석 외교통상부장관과 정운천 농림수산부식품장관은 〈피디수첩〉 제작진을 명예훼손으로 검찰에 고소했다. 3월 15일 이춘근 PD, 4월 15일 김보슬 PD가 긴급체포되었고, 4월 27일 조능희 PD, 송일준 PD, 김은희 작가, 이연희 작가 등이 추가체포 되었다.

검찰은 〈피디수첩〉 제작진 다섯 명에게 명예훼손과 업무방해 혐의로 징역 2~3년을 구형했으나 2010년 무죄로 최종판결 되었다. 보수단체가 요구한 사과방송·정정보도 및 손해배상청구 관련 민사소송과, 정운천 장관의 명예훼손 관련 소송도 모두 승소했다. 이런 상황 속에서 〈피디수첩〉은 4대강 사업에 비판적으로 접근한 '4대강, 수심 6미터의 비밀'을 제작했는데, 방송 직전 국토해양부가 법원에 방송금지가처분신청을 냈다가 기각되는 등 우여곡절을 겪었다. 〈피디수첩〉은 결방된 지 11개월여 만인 2012년 12월 11일, 기존의 PD와 작가들을 배제하고 방송을 재개했다.

낡은 뉴스를 타파하라!

뉴스타파는 2012년 1월 해직언론인들이 만든 인터넷방송이다. "낡은 뉴스를 타파하고 99%가 원하는 진짜 뉴스를 지향"하며 "국민의 알권리를 실현하고 성역 없는 탐사·심층보도의 활성화를 위한 연구와 지원"을 목적으로 한다. 2010년 'YTN 구본홍 사장의 낙하산식 선임반대'를 주도한 이유로 해고된 노종면, 권석재 기자와, 같은해 '김재철 사장 부임'을 반대하며 39일간 MBC 파업을 주도한 이근행 PD, CBS 변상욱 대기자 등이 제작에 참여했다. 2011년 5월 현재 기소된 언론인은 61명, 해고를 포함한 중징계를 받은 사람은 183명으로, 1980년 언론통폐합 이후 최대다.

2011년 10월 26일 서울시장 보궐선거 때 선관위가 투표소를 변경했다는 사실을 보도한 첫 방송 '선관위의 거짓말'부터 7월 1일 '내 맘대로 엠.비.씨'로 시즌1이 끝날 때까지 뉴스타파는 '4대강 사업' '강정마을 해군기지 설립' '민간인 불법사찰' '삼성반도체 직업병' 등 기존언론이 다루지 않는 주제들을 심층보도했다. 기계적 객관성을 거부하고 주관적인 보도를 통해 공정성을 추구한 뉴스타파는 1회 조회수 90만 건, 2012년 4월 비디오 팟캐스트 부문 세계1위를 차지할 만큼 폭발적인 반응을 얻었고, 5월 16일 한국PD연합회가 주관한 '이달의

PD상'을 수상했다. 해직언론인이 인터넷 방송으로 '이달의 PD상'을 받은 건 뉴스타파가 처음이다. 2012년 7월 제작인력을 보강하고 프로그램을 재정비하기 위해 잠시 휴지기에 들어간 뉴스타파는 '한국의 프로퍼블리카'로 정체성을 확정하고 일반시민들의 후원을 통한 독자생존의 길을 택했다. 장기적으로 법인설립을 목표로 하는 뉴스타파의 정기회원은 2013년 3월 현재 2만 7,000명을 돌파했다.

　비영리 대안언론은 세계적으로 증가추세에 놓여 있다. 2009년 20개였던 미국의 탐사보도뉴스네트워크Investigative News Network 소속 언론은 2012년 64개로 세 배 이상 늘었다. 한국은 뉴스타파 외에 단비뉴스, 옥천신문 등이 비영리로 운영되고 있다.

+BOOK

시모어 M. 허시의 세상을 바꾼 탐사보도
시모어 마이런 허시 저, 김석 역, 세종연구원, 2009.

저자에게 퓰리처상을 안겨준 탐사보도의 전범. 수많은 인터뷰를 통해 베트남 전쟁 당시 미군이 저지른 최악의 민간인 학살이었던 '밀라이 학살사건'의 전모를 밝힌다. 세월은 흐르고 사건은 잊혔지만, 시퍼런 저널리즘만은 여전히 생생하다.

9시의 거짓말
최경영 저, 시사IN북, 2010.

방송기자로 활동하며 탐사보도를 전문으로 해왔던 저자는 국내외를 넘나드는 풍부한 사례를 바탕으로 한국 언론을 비판한다. 언론인들의 조직 내 순응주의, 언론과 광고, 출입처 제도의 문제점, 함량 미달의 기사가 생산되는 방식, 뉴스와 주가의 상관관계 등을 다루며 사실과 진실이 불일치할 수밖에 없는 한국적 언론현실을 폭로한다.

by the people **13**

건축가 정기용

© 김재경

"무엇이 필요하세요?"

"짓지 마! 왜 돈을 처들여가면서 짓냐고…"
"그래도 지어야 한다면… 무엇이 필요하세요?"
"해줄 거야?"
"해드릴게요."
"목욕탕이나 지어줘."

시골 면사무소 설계를 맡은 건축가는
설계도면은 그리지 않고
주민들을 찾아다니며 질문한다

"그럼, 그동안 어디서 목욕을 하셨어요?"

"봉고차를 빌려서 도시로 나갔지."

농사일로 지친 몸을 푹 담글 수 있는
큰 욕조가 필요했던 주민들을 위해
면사무소 1층에 지어진
공중목욕탕

무주 안성면 면사무소 (1998)

주민 없이 치러지는 행사로
고민하던 군수

"우리가 무슨 벌 받을 일 있나?
군수만 본부석에서 햇빛을 피해 있고
우리는 땡볕에 앉아 있으라는 게 무슨 경우야."

그때 건축가의 눈에 띈
운동장 주변의 등나무들
등나무 넝쿨로
그늘을 만든 관중석

무주 공설운동장 (1999)

주차장을 지하로 넣고
시민들에게 돌려준 군청 안마당

무주 군청 (1998)

'별이 쏟아지는 청정한 마을'
주민의 자부심을 높여준 작은 천문대

무주 부남면 면사무소 (1999)

건축가로서 내가 한 일은
원래 거기 있었던 사람들의 요구를
공간으로 번역한 것이다

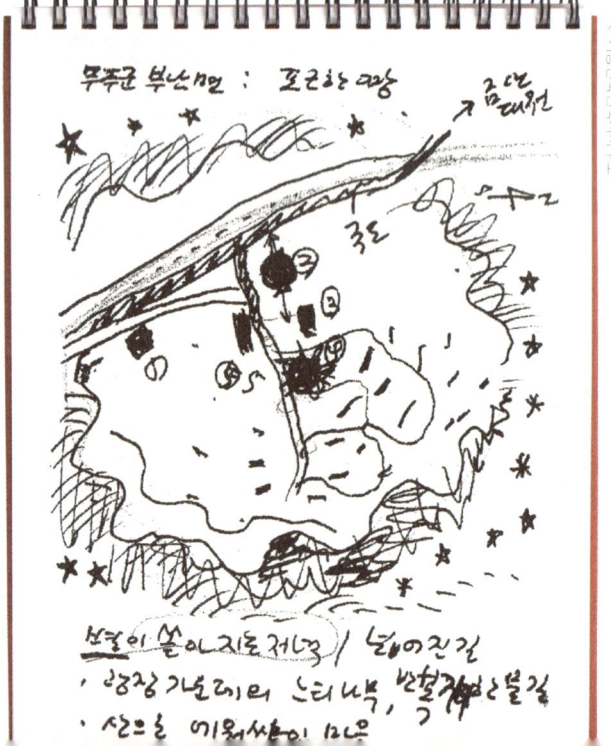

1970년대 후반
귀국한 그의 눈앞에 펼쳐진 광경
삶의 터전을 갈아 엎고
무작정 지어지는 건물

건축은
근사한 형태를 만드는 작업이 아니라
사람들의 삶을 섬세하게 조직하는 일이다

돈이나 명성보다
'더불어 사는 삶'을 위한
'공공건축'에 집중한다

"그런데… 건축가 선생님은 어떤 집을 짓고 사세요?"

"집이 백만 평 정도 됩니다.
내 집은 못 지었고,
명륜동에 세를 얻어 살아요.
내가 생각하는 집은
일상이 반복되는 친숙한 공간일 뿐입니다.
창에서 바라보는 풍경이 모두 내 집터입니다."

— 건축가 정기용 1945-2011

by the people 13+
올바른 집짓기를 추구한 건축철학자

 1945년 서울에서 태어나 서울대 대학원 공예과를 졸업한 정기용은, 1972년 프랑스 정부초청 장학생으로 파리 유학을 떠났다. 파리 장식미술학교 실내건축과, 제6대학 건축과, 제8대학 도시계획과를 졸업하고 1985년까지 파리에서 건축·인테리어 사무실을 운영하다가 1986년 한국으로 돌아왔다.

 독일의 문예이론가 발터 벤야민은 자전적 에세이 『베를린의 유년시절』에서 특별한 장소와 시간을 복기하며 어린 시절을 재구성한다. 인간의 삶이 공간에 기반하고 공간이 기억/역사를 담지한다고 할 때, 공간의 예술로서 건축은 '기억의 저장고'일 수밖에 없기 때문이다. 그러므로 건축/공간의 훼손은 결국 삶과 기억/역사의 훼손이다.

 한국에서 공간의 탈역사화가 가장 급격하게 이루어진 시기는 1960~1970년대다. 1961년 7월 박정희 정권은 "민주주의라는 빛 좋은 개살구는 기아와 절망에 시달린 국민 대중에게는 무의미한 것이다. 경제개발을 위해서는 모든 것을 희생할 각오로 나서야 한다"면서 '경제개발 5개년계획'을 발표했다. '새마을운동'으로 대표되는 개발광풍은 농촌과 도시에서 초가, 단독주택 등 '전근대적 풍경'을 몰

아냈고, 그 자리는 슬레이트 지붕과 아파트로 대체되었다.

근대화라는 미명 아래 계통 없이 국토를 파헤치던 시절 고국을 떠났지만, 수십 년이 흐른 후에도 풍경은 달라지지 않았다. 도시는 여전히 '재개발' '재건축'이라는 이름으로 과거를 지우고, 약자를 밀어내고, 삶을 살아 없는 방식으로 개발되었다. 정기용은 이러한 논리로 추인된 한국의 근대사를 '죽음과 학살의 시간'으로 규정했다. "건축과 도시는 궁극적으로 사람의 삶을 조직하고 사회를 다루는 분야이기 때문에 공학이 아니라 인문학·철학으로 분류되어야" 하며 "건축가는 건물을 설계하는 사람이 아니라 삶을 설계하는 사람"이라고 믿었던 정기용은 1986년 건축사무소 '기용건축'을 세우고 올바른 집짓기, 올바른 공간을 구성하는 일에 매진했다.

모든 건축은 공공건축이다

죽음의 공간을 삶의 공간으로 변환하려는 정기용의 노력은 구체적이고 실천적이었다. 1999년 9월 문화연대가 발족하자 정기용은 '공간환경위원회' 위원장을 맡아 2002년까지 자연, 환경, 문화와 공존하는 새로운 공간문화운동을 전개했다. '민족건축인협의회'를 이끌며 건축의 사회성을 역설하였고, "개발과 독점으로 만신창이가 되어버린 이 땅에 공간정의를 실천하고자" 지인들과 함께 '공간정의실천협의회'를 구성했다. 공간정의실천협의회는 1999년 전라북도 무주군에 '문화예술인마을'을 조성하면서 가시적인 성과를 거두었다. 영화감독 이장호, 연세대 교수 조한혜정 등 40여 명이 입주한 문화예술인마을에서 정기용은 그동안 연구해온 '흙건축'과 무공해 개발의 실제를 보여주었다.

다큐멘터리 〈말하는 건축가〉는 대장암으로 죽음을 앞둔 정기용의 일상에 밀착하면서 평생에 걸친 건축철학과 고민을 탐색한다. 이에 따르면 계원조형예술대학교, 효자동 사랑방, 서울 동숭동 무애빌딩 등 흙에 기반한 여러 건축물들을 세우면서 그가 가장 염두에 둔 것은 '공공성'이다. "사유지 안에 세워지는 건축은 동시에 지구 위에 구축되는 건축임을 피할 수 없기 때문에 건축은 그 태생이 공공적"이기 때문이다. 정기용에게 건축은 하나의 독립된 대상이라기보다는 환경과 어우러져 풍경의 일부를 이루며, 그곳의 역사, 문화, 사용자의 편의와 정서가 반드시 반영되어야 하는 구체적 사물이다. 여기서 건축가의 역할은 다양한 현대적 삶을 이해하고, 조절하고, 판단하고, 공간이 주는 상상력을 구체화하고, 여러 사람들의 의견과 노동을 조율하여 "원래 거기 있던 사람들의 요구를 공간으로 번역해내는" 것뿐이다. 이것이 바로 정기용이 말하는 '감응의 건축'이다. 1999년부터 10년 동안 진행한 '무주 프로젝트', 2003년 MBC 예능프로그램 〈느낌표〉와 함께한 '기적의 도서관 프로젝트'는 이러한 그의 철학을 가감 없이 드러내고 있다. 2007년 정기용은 지역공동체 문화조성에 기여한 공로로 국민훈장을 받았다.

2007년 9월 유력 일간지들은, 노무현 대통령이 고향 김해에 호화저택을 지었다고 보도했다. "노무현 랜드" "노무현 타운" "아방궁" 등의 수식어가 붙은 제목과 함께 기사는 몇 주에 걸쳐 반복 게재되었다. 김해 봉하마을 대통령 사저를 설계한 건축가는 정기용이다.

+ BOOK

서울 이야기
정기용 저, 현실문화연구, 2008.

서울, 건축과 관련하여 저자가 이곳저곳에 기고한 글을 모았다. 개발과 역사에 찢기고 상한 서울의 풍경을 들여다보며 건축이란 무엇인가를 되묻고 공공건축의 올바른 방향을 고민한다. 전 5권으로 완간될 예정의 '정기용 전집' 중 하나로, 치열한 고민에 바탕한 담백한 글쓰기가 긴 여운을 남긴다.

아파트 공화국
발레리 줄레조 저, 길혜연 역, 후마니타스, 2007.

프랑스 지리학자가 한국의 아파트를 연구한 책이다. 근대화에 대한 국가적 욕망과 중산층에 편입하고픈 개인적 욕망의 결집체로서 아파트의 역사를 훑는다. 논문을 번역한 탓에 구성이나 논조가 딱딱한 게 흠이지만, 제3자의 시선으로 들여다본 한국 사회의 단면이 흥미롭다.

by the people 14

소행성 94400

"하늘은 원이요, 땅은 네모라고 했는데
왜 땅이 둥글다고 하십니까?"

"낭을 비출 수 있는
거울이 알려줄 겁니다."

'하늘이 사람을 내되 쓸 곳이 다 있는데
나는 중국 여행에 쓰려고 하셨나 보다.'

중국 여행이 평생소원이던
그 남자의 목적은
서양 선교사, 서양 과학과의 만남이었다.

그러나 중국 방문을 요청할 때마다 번번이
문전박대
결국 편지로 호소한다

'배우려는 뜻이 평생에 맺혀 있습니다.'

어렵게 떨어진 방문허가에서
그들이 보여준 것은 태양
망원경으로 본 태양

"햇빛이 둥근 형태를 통 끝에 건 듯하고
해 속에 무엇인가 있으면
머리털이라도 감추지 못할 듯하다."
— 『을병연행록』

그는 망원경을 손에 쥐고
조선으로 돌아온다

"하늘은 원이요, 땅은 네모라고 했는데
왜 땅이 둥글다고 하십니까?"

친구인 연암 박지원의 질문에
그는 답한다

"땅을 비출 수 있는
거울이 알려줄 겁니다.
월식이 바로 땅의 거울이지요.
월식을 보고도 땅이 둥근 줄 모른다면
거울로 자기 얼굴을 비추면서도
얼굴을 분별 못하는 것과 같습니다"

은하는 하늘에 있는 하나의 큰 세계
은하 세계와 같은 것이
몇천 몇만 몇억이나 되는지 알 수 없다
―『의산문답』(1773년)

유한우주론을 믿던 시대
무한우주론을 주장하고

모든 별들은 돈다
공평하다
중심이 없다
어떤 별이든 중심이 될 수 있다
―『홍대용의 무한우주론』

오직 이 지구만이 하늘의 중심에 있다는 것은
있을 수 없는 일이라 주장했던 한 남자

2001년
화성과 목성 사이에서
소행성 하나가 발견된다

소행성 94400

국제천문연맹 산하 소행성 센터는
이 별을
'홍대용 별'이라 명명했다

by the people 14 ✚
경계에서 자적한 주류 유학자

  1731년 충청남도 천안에서 태어난 담헌 홍대용은 조선사회의 중심에서 출발하여 한평생 유유자적 경계를 넘나들었다. 노론의 핵심문벌인 남양 홍씨 가문에서 태어났지만 관직에 마음을 두지 않았고, 걸출한 배경에도 불구하고 박지원, 박제가 같은 서얼들과 친분을 쌓았다. 안동 김씨의 세거지이자 '북벌론'의 이념적 표상인 석실서원에서 수십 년간 수학하면서도 '북학파'를 형성할 만큼 청나라 문화에 우호적이었고, 옛 학예를 연구하는 고학古學에 정진하면서도 실사구시實事求是, 이용후생利用厚生의 실학을 주장했다. 유학자로서 그는 『대학』의 8조목(격물格物, 치지致知, 성의誠意, 정심正心, 수신修身, 제가齊家, 치국治國, 평천하平天下), 그 중에서도 격물치지를 학문의 근본이라고 보았다. 격물치지는 '사물의 이치를 연구하여 지식에 도달하는 것'으로, 홍대용은 이를 이루려면 반드시 물리적 실천이 동반되어야 한다고 생각했다. 하여 부친이 나주목사牧使로 있던 시절, 나주의 실학자 나경적과 함께 톱니바퀴를 연결한 시계 혼천의, 별과 별자리의 위치, 황도와 적도를 새긴 혼상의를 만들었다. 사비를 털어 사설 천문관측소 농수각을 짓고 측관의, 구고의 등 관측기구를 제작해 설치하기도 했다. 『수학계몽』 『수학통종』 『수법전서』

등 수학서적도 정리했는데, 특히 당대 수학의 거의 모든 부분을 망라하며 오류를 잡아낸 『주해수용』에서는 "(중국의 고대 수학서)『구장산술』에서 벗어나 새로운 창조와 경험을 풍부하게 담아내야 한다"고 강조했다.

"무릇 세계는 제각각 중심이 있고 우주는 무한하다"

주자학에 바탕하여 중도실용을 강조한 홍대용의 사상은 서른다섯에 청나라 연행을 다녀온 후 급진적으로 진화한다. 북경에서 만난 항주의 선비 엄성, 반정균, 육비와 시공을 초월한 우정을 나누고, 천주당과 관상대를 방문하면서 서양문물을 매개 없이 접한 홍대용은 중화사상中華思想에서 벗어나 독자적인 세계관을 구축하기 시작한다. 『의산문답』은 그 결정체로, 중국 연행을 다녀온 후 집필한 기행문 『담헌서』에 포함된 과학소설이다. 30년 동안 독서를 통해 천리天理를 깨친 조선학자 허자가 중국의 명산, 의무려산醫巫閭山에 은둔하고 있는 실옹을 만나 학문을 논하는 대화형식으로 기술된 이 책은 성리학의 공리공담을 비판하고 실학의 중요성을 설파하고 있다. 소설 속에서 홍대용은 실옹의 입을 빌려 '새로운' 과학이론을 개진한다. 실옹은 "무릇 땅이란 그 바탕이 물과 흙으로 이루어진 것이며 그 모양은 둥근데 허공에 떠서 쉬지 않고 돌고" "온갖 만물이 아래로 떨어지는 것은 땅에 근본하는 힘이 있기 때문"이라며 지전설과 중력을 이야기한다. 또한 "우주의 뭇 별들은 각각 하나의 세계를 가지고 있고 끝없는 세계가 공계에 흩어져 있는데, 오직 지구만이 중심에 있다는 것은 있을 수 없다"거나, "지구를 태양계의 중심이라 한다면 옳은 말이지만, 이것이 바로 여러 성계星界의 중심이라 한다

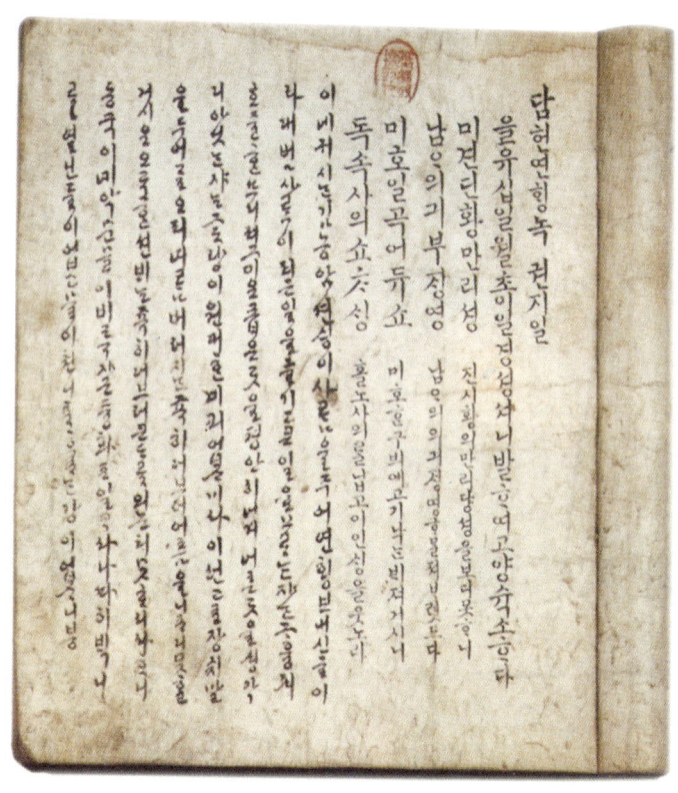

면 이것이야말로 우물에 앉아 하늘 보는 소견이다"면서 무한우주론을 전개한다.

실옹을 통해 드러난 홍대용의 '중심 없는 우주론'은 조선 사회 주류를 관통하는 중화사상, 즉 세계를 화華(한漢족의 중국)와 이夷(나머지 오랑캐)로 구획하는 이분법적 세계관을 정면으로 위배한다. 당시 조선은 만주족의 청나라는 중화가 아니라며 멸시하는 한편, 명나라 이후 명맥이 끊긴 중화를 잇는다는 명목으로 스스로 소중화小中華를 자처했다. 홍대용은 '우주에는 중심이 없다'고 선언함으로써 과학이론을 혁신하고, 성리학적 명분에 매몰된 조선 사회를 향해 일침을 가했다. 구학에서 출발하여 실학에 정착한 홍대용의 학문적 좌표는 박지원, 박제가 등과 함께 '청나라의 선진문물을 배우고 익히기를 주장하는' 북학파로 갈무리되었다.

별 하나의 추억과 별 하나의 이름

그리스어로 '별과 비슷한 것'이라는 뜻을 가진 asteroid, 소행성은 태양 주위를 공전하는 천체 가운데 행성보다 작은 천체를 일컫는다. 일반적으로 화성과 목성 궤도 사이에 있는 크고 작은 행성들을 가리키는데, 1801년 이탈리아의 천문학자 쥬세페 피아치가 세레스Ceres를 발견한 이래 2010년 현재 23만 1,665개가 관측되었다. 지름이 950km인 세레스는 소행성 가운데 가장 크고 무거운 천체로 알려져 있으며, 해마다 수천 개 이상의 새로운 소행성이 발견되고 있다.

소행성을 발견하고 이름붙이기까지 과정은 지난하다. 먼저 새로 발견한 소행성을 국제천문연맹IAU 산하 소행성위원회MPC에 관측지의 정확한 경도와 위도, 해발고도, 사용 장비, 좌표분석에 이용한 기준자료 등을 명기하여 보고한다. 소행성위원회는 시기와 순서에 따라 임시이름을 부여하고 궤도가 확정되면 고유번호를 발급한다. 이때 발견자는 본인이 원하는 이름을 제안할 수 있는데, 왜 그 이름을 붙이는지 간단히 설명해야 한다. 발견자 본인이나 베토벤, 베이컨, 피카소 같은 유명인의 이름, 국가, 국제기구, 대학 등 특정 단체의 이름은 사용할 수 없다. 연문欠文으로 발음 가능한 16자 이내의 단어여야 하고, 정치적·군사적인 행동으로 알려진 개인이나 사건은 사망하거나 종료된 지 100년 이내에는 이름붙일 수 없다. 까다로운 규칙을 빗겨 제안된 이름은 11명의 전문가들로 구성된 국제천문연맹 산하 소천체명명위원회SBNC에 상정되어 최종 결정된다. 발견에서 승인까지는 3~5년 정도가 소요된다.

한국어 명칭이 붙은 최초의 소행성은 '관륵'(소행성번호 4963)이다. 관륵은 일본에 달력과 천문학, 지질학 등 선진문물을 전달한 백제의 고승이자 천문학자로, 1993년 도쿄천문대학 교수 후루카와 기이치로가 "과거 일제의 행동을 조금이라도 사과하는 마음에서" 붙인 이름이다. 1997년 천문학자 와타나베 가즈오는 기이치로 박사의 자문을 받아 7365 소행성을 '세종'이라고 명명했다. 이밖에 일본에서 발견하여 한국어 이름을 붙인 소행성은 조경철(4976), 서현섭(6210), 나일성(8895), 전상운(9871), 광주(12252) 등이 있다.

한국에서 발견한 소행성에 최초의 승인이 떨어진 때는 2001년이다. 아마추어 천문가 이태형이 1998년 휴전선 부근에서 발견한 소행성은 2001년 '통일'(23880)이라는 이름으로 최종 승인되었다. 2000년 보현산천문대에서 발견한 다섯 개의 소행성 최무선(63145), 이천(63156), 장영실(68719), 이순지(72021), 허준(72059)도 2004

년에 승인을 받았고, 홍대용은 2001년 보현산천문대에서 발견하여 2005년 최종 승인받았다. 소행성 이름은 한국과학사에서 '명예의 전당'에 오른 과학자 14명을 출생연도 순으로 붙였으며, 김정호(95016), 이원철(99503), 유방택(106817)도 등록되어 있다.

+ BOOK

우주의 눈으로 세상을 보다
홍대용 저, 김아리 편, 돌베개, 2006.

홍대용의 여러 글 가운데 산문만 추렸다. 고학을 익혔으나 실학을 실천하고, 조선에서 나고 자랐으나 중화주의를 초월하여 지구지전설, 우주무한론 등을 주장한 홍대용의 놀라운 면면을 엿볼 수 있다. 가벼운 입문서지만 실린 글까지 가벼운 건 아니다.

정조와 홍대용, 생각을 겨루다
김도환 저, 책세상, 2012.

왕세자시절 정조의 스승으로 서연에 참여한 홍대용이 집으로 돌아와 그날의 문답을 정리한 『계방일기』를 처음으로 완역했다. 질문과 대답 사이의 정치·사회·역사·학문적 공백은 저자가 직접 메워 독해의 어려움을 없앴다. 그리 길지 않은 문답 안에서 조선시대 성리학의 논점, 정조의 군주로서의 야심, 홍대용의 꼿꼿한 성품과 학문적 유연함 등을 엿볼 수 있다.

by the people 15
자화상

© 민족문제연구소

벼락이 떨어져도
나는 내 서재를 뜰 수가 없다
자료와 그것을 정리한 카드 속에 묻혀서
생사를 함께 할 뿐

작고 어두운 방
엎어놓은 사과궤짝 위에서
하루 10시간씩 글을 쓰며
남자가 골몰했던 문제

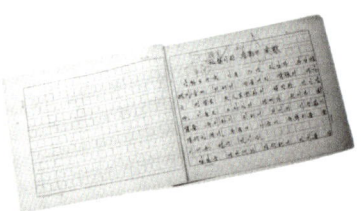

"불과 35년 만에
이 지경까지 타락했다는 것은
단순히 친일자들의 수치로만 끝날 일이 아니다."

시민들의 무관심
문단의 철저한 외면
하지만 멈추지 않았던 그의 글쓰기

글을 쓸수록 절실했던 자료
자료를 모으는 데 가장 중시했던 원칙
사실

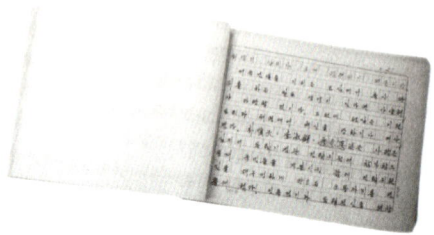

"어쩌다 생긴 돈 몇푼은
모두 복사비로 쓰였고
돈도, 복사비도 없을 땐
직접 베껴 써가며
모은 자료를
육하원칙에 따라 정리했다."

그리고 틈틈이 매달렸던
또 하나의 작업

연도에 따라
인물별 단체별
친일행각을 낱낱이 기록해 나간

1만 3,000여 장의 친일인명카드

"역사는 꾸며서도 과장해서도 안 되며
진실만을 밝혀서
혼의 양식으로 삼아야 한다.
15년 걸려서 모은 내 침략,
배족사背族史의 자료들이
그런 일에 작은 보탬을 해줄 것이다."

— 임종국 1929-1989

1960년대 당시 금기의 영역이던
친일문제에 대한 화두를 던지며
문제인물로 낙인찍힌 채
홀로 험난한 길을 걸었던 사람

1989년
60세를 일기로 세상을 떠난 지
20년 후인 2009년
친일인명사전이 발간되었다
그 출발점은
그가 남긴 친일인명카드였다

그 모든 것이 지나간 사실,
지나간 사실이기 때문에
지나간 사실로서 기록해둘 뿐인 것이다

— 친일문학론 서문 「자화상自畫像」

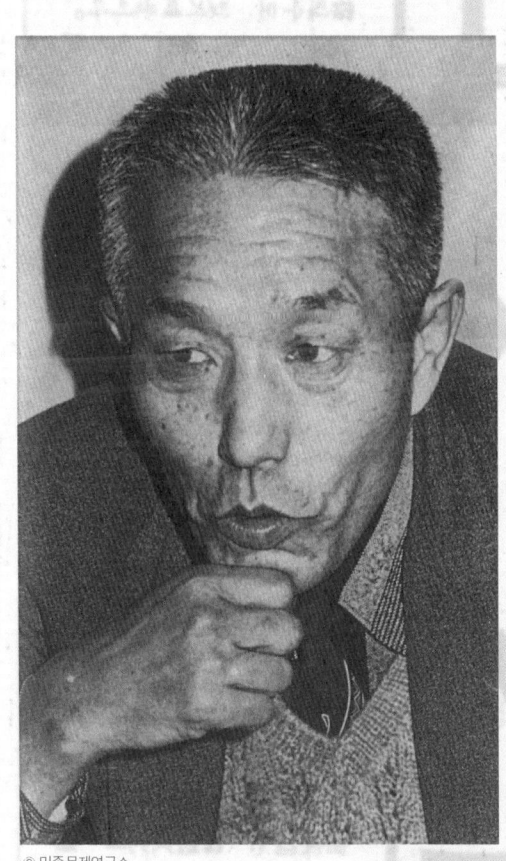

ⓒ 민족문제연구소

by the people 15⁺

처음에는 비극으로, 다음에는

1948년 9월 23일 반민족행위자처벌법(이하 반민법) 공포와 함께 시작된 친일청산작업은 초반부터 난항을 겪었다. 이승만 대통령은 1948년 10월 창설된 반민족행위특별조사위원회(이하 반민특위)가 이듬해 10월 해산되기까지 11회에 걸쳐 반민법 개정을 논의했다. 반민특위예산도 배정하지 않았고, 청구 자료도 석연치 않은 이유로 제출을 거부했다. 권력의 비호 속에서 친일세력은 폭행, 암살 등의 방법으로 반민특위해산을 기도했다. 1948년 10월 노덕술, 최난수 등 친일경찰은 특별검찰관 노일환, 김웅진, 특별재판관 김장렬 등을 납치해 "나는 남한에서 국회의원 노릇을 하는 것보다 이북에 가서 살기를 원한다"는 내용의 자필성명서를 강제로 쓰게 하고 신문사로 보낸 다음, 이들이 월북 도중 애국청년들에게 살해당한 것으로 꾸미려 했다. 그러나 테러리스트 백민태가 계획을 누설하면서 미수에 그쳤다. 암살명단에 대법원장 김병로, 검찰총장 권승렬, 국회의장 신익희 등 거물급 인사가 다수 포함돼 있어 정치적 배후가 의심되었으나, 노덕술은 증거불충분으로 풀려났다.

1949년 5월 이문원 등 반민특위위원 세 명이 남로당 연루혐의로 체포되었다. 6월 6일에는 중부경찰서장 윤기병의 지휘하에 50여 명

林鍾國

의 경찰이 특위를 습격했다. 6월 중순 '국회 프락치 사건'으로 노일환, 서용길이 구속되었고, 26일 백범 김구가 피살당했다. 일련의 사건 속에서 급격히 위축된 반민특위는 10월 해체했다. 이후 40여 년 동안 거론조차 되지 못했던 친일청산 문제는 2005년 1월 27일 '일제하 친일반민족행위진상규명특별법안' 공포와 함께 재점화되었다. 특별법을 근거로 2005년 5월 31일 '제2의 반민특위' 친일반민족행위진상규명위원회가 출범하고, 2006년 친일반민족행위자 재산조사위원회가 발족해 친일파의 재산환수를 시도했으나 여러 반대와 한계에 부딪혔다.

특별법 제정 당시 김주현 행정부차관은 "조사대상의 후손들이 반발해 국민적 갈등을 조장할 우려가 있다"면서 반대입장을 표명했다. 이에 내일신문 편집국장 박태견은 "'국민적 갈등'은 친일인맥이 지난 50년간 줄기차게 주장해온 반대논리였다. 하지만 김차관도 시인했듯 진짜 반대이유는 '후손들의 반발'이다. 친일후손들은 양의 개념으로 보면 한줌밖에 안 된다. 그러나 기득권이라는 권력의 질이라는 측면에서 보면 이들은 '절대다수'를 차지하고 있다"고 지적했다. 친일연구자 임종국에 따르면, 제1공화국 각료의 34.5%, 제

2공화국 각료의 60%가 친일전력자였고, 제3공화국도 비슷한 추세를 보였다.

  미래로 나아가야 할 때에 과거에 발목잡혀서는 안 된다는 것도 친일청산 반대의 주요 입장이다. 그러나 친일청산은 미래의 문제이기도 하다. 성공회대 한홍구 교수는 "친일문제를 다룰 때 누가 친일을 했다, 안 했다만 봐서는 안 된다. 그보다 훨씬 중요한 건 그런 행태가 이어지지 않도록 하는 것"이라면서 고문을 예로 든다. 이근안은 1980년대 고 김근태 의원 등 수많은 민주화운동가들을 고문한 악명 높은 경찰이다. 이근안을 고용한 박처원은 해방 후 경찰에 투신한 인물인데, 그에게 일을 가르친 사람이 바로 노덕술이다. 일제시대 악질 친일경찰이었던 노덕술은 해방 후에도 직위를 유지했다. 고문으로 죽은 자의 시신을 한강에 흘려보내고 경찰서로 돌아와, 창문을 열고 "저놈 잡아라!" 소리치며 피의자가 마치 조사를 받다가 도망간 것처럼 위장한 노덕술의 전술은, 훗날 "탁! 하고 치니 억! 하고 쓰러졌다"는 박종철 군 사망사건의 경찰진술로 이어졌다. 한홍구는 "이근안은 그래도 잡혀서 처벌을 받았지만, 그런 사람을 불러서 고문을 지시했던 사람은 민정당, 민자당, 한나라당에 남아 계속해서 출세가도를 이어간다"면서, 친일청산이 해방 이후 면면히 이어져온 (그리고 이어질) 부도덕의 고리를 끊는 윤리적 행위임을 강조했다.

내 슬픈 민족의 초상

  1929년 경상남도 창녕에서 태어나 1960년 『사상계』에 「자화상」 등 시 두 편을 실으면서 등단한 임종국林鍾國은 두 번의 반민특위 사이 50년 공백을 메운다. 한동안 사화집 동인으로 활동하며 잡문을 써내려가던 그는 1965년 한일협정이 졸속으로 체결되는 과정에서 해방 후 일본으로 쫓겨가던 군인을 떠올린다. "20년 후에 다시 돌아오겠다"던 일본군의 말이 한일협정이라는 방식으로 실현되자, 임종국은 이대로 과거를 묻을 수 없다는 민족주의적 결기로 1966년 문학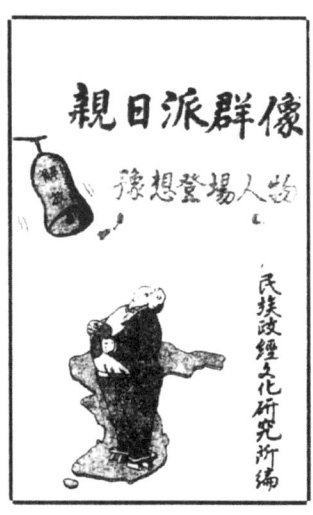
계의 친일인사와 친일행적을 기록한 『친일문학론』을 펴낸다.

이후 임종국의 친일연구는 정치, 경제, 사회, 교육, 종교, 군사, 예술 등 사회전역으로 확산된다. "불과 36년의 피지배 기간 동안 남겨놓은 친일의 기록 (…) 이 어처구니없는 역사의 배리를 우리는 외면할 수도 망각할 수도 없다. 그것을 거울삼아서 미래를 다짐하는 것 외에 아무 도리가 없다"고 생각한 그는 철저한 자료조사와 실증적 고찰을 근거로 『일제침략과 친일파』『밤의 일제침략사』『일제하의 사상탄압』『친일문학 작품선집』『친일논설전집』을 써내려갔다. 자료수집을 위해 침낭과 식기를 챙겨가지고 상경, 당시 근대 문헌자료를 가장 많이 보유하고 있던 고려대 도서관에 파묻혀 지내는가 하면, 중학교를 휴학한 아들과 함께 수개월간 자료복사와 필사에 매달리기도 했다. 하지만 사회적 금기였던 친일문제를 정면으로 다룬 임종국의 글은 환영받지 못했고, 몇몇은 금서로 지정되었.

"지금의 나는 5평 서재 속에서 글을 쓰는 자유밖에 가진 것이 없다"는 고백처럼, 가난 속에서 계속된 임종국 평생의 연구는 1980년대 말 민주화 과정에서 주목받기 시작했다. 그러나 임종국은 총 10권으로 기획한 『친일파총서』를 집필하던 중 1989년 지병으로 사망했다. 그의 유지는 1991년 '반민족문제연구소'(뒤에 '민족문제연구소'로 개칭) 설립으로 이어졌다.

부르다 내가 죽을 이름들

'친일인명사전'은 친일인명사전편찬위원회와 민족문제연구소가 만든 인명사전이다. 구한말과 일제강점기에 일제의 한반도 침략을 지지·찬양하고, 일제 식민통치에 협력하여 한국의 독립을 방해하는 등 친일행위를 한 총 4,389명의 목록을 정리·분류하고 있다. 4년여 동안 나치에 점령된 프랑스가 종전 후 약 10만 명의 나치협력자를 처벌한 데 비하면 미미한 숫자다.

1997년 시작된 사전편찬 작업은 외환위기로 잠시 주춤하다가 1999년 '친일인명사전편찬 지지교수 1만인 서명운동'으로 활력을 되찾았다. 2001년 본격적으로 작업에 들어가면서 출판을 예정했으나, 2003년 12월 30일, 국회가 관련 예산 5억 원을 전액삭감하여 또 한번 위기를 맞았다. 박정희 대통령과 장면 국무총리, 김성수 부통령, 음악가 안익태, 무용가 최승희, 시인 서정주·모윤숙, 극작가 유치진, 언론인 장지연 등 1차 수록예정자 명단이 공개되었을 때는 유족과 보수단체가 당시 시대상황과 업적을 감안하지 않았다며 선정기준 등을 문제 삼기도 했다. 안팎의 곤란으로 사전편찬이 무산될 위기에 처하자 시민들은 2004년 민족문제연구소와 오마이뉴스를 중심으로 '친일인명사전 편찬, 네티즌의 힘으로' 등 캠페인을 조직하여 자발적 모금운동에 나섰다. 친일인명사전은 모금 5년 만인 2009년 11월 8일 발간되었다.

2009년 박정희 대통령의 아들 박지만은 법원에 친일인명사전 판매·게재금지 가처분신청을 냈다. 법원은 "참고문헌을 통해 구체적(친일)사실을 적시하고 있고, 학문적 의견을 개진한 것"이라며 소송을 기각했다. 2011년 현재 친일파 후손들이 제기한 재산환수 취하 소송만 84건이다.

BOOK

박정희와 친일파의 유령들
한상범 저, 삼인, 2006.

전 의문사진상규명위원회 위원장이었던 저자가 쓴 친일파와 독재권력 비판서다. 해방 후 현재까지 한국 사회에서 강력한 영향력을 행사하고 있는 친일세력, 독재권력 추종세력의 정체를 밝히고, 이들의 역사적 청산작업을 수행해야 한다고 역설한다.

친일인명사전 1·2·3
친일인명사전편찬위원회 편, 민족문제연구소, 2009.

친일인사들의 일제시대와 해방 이후의 행적을 다루고 있다. 수록된 사람들 면면을 보건대, 이름의 무게와 한국사에서 차지하는 비중이 놀라울 정도다. 그래서인지 책이 나오기까지 꽤 오랜 기간이 걸렸고, 발간 후에도 좀처럼 배포되지 못하고 있다. 공공도서관 보급률은 32%이고, 학교도서관 보급률은 더 낮다.

by the people **16**

길 위의 정부

우리 대한국민은
3·1운동으로 건립된 대한민국임시정부의 법통과
불의에 항거한 4·19 민주이념을 계승하고…

정정화(1900~1991)
자금조달 책임
한 소녀의 길

김규식(1881~1950)
해외청원 외교특사
어떤 지식인의 길

김가진(1846~1922)
무장투쟁 기획
모진 숙명의 길

중국으로 가는 길
상하이로 향하는 길

'대한민국 임시정부'로 향하는 길

1919년 3월 1일
2,000만 민족이 하나로 뭉쳐 선언한 독립국

1919년 4월 13일
3·1운동의 대의를 이어받아 수립한
대한민국 임시정부

'대한민국은 민주공화제로 한다'
— 대한민국임시헌장 제1조

나라의 주권을 빼앗긴 사람들에게
'대한국민'이라는 이름을 준
최초의 정부

"나라는 내 나라요, 남들의 나라가 아니다.
독립은 내가 하는 것이지
따로 어떤 사람이 하는 것이 아니다."
― 김구(대한민국 임시정부 주석)

독립전쟁을 수행하기 위한
'한국광복군' 창설

목숨을 건 독립활동으로
중국과 프랑스, 폴란드의 승인을 받은
정식 정부

"영원한 쾌락을 얻기 위하여
우리 독립사업에 헌신하고자 합니다."
― 이봉창 도쿄 의거

"너희도 만일 피가 있고 뼈가 있다면
반드시 조선을 위해 용감한 투사가 되거라."
― 윤봉길 홍커우공원 의거

"중국의 백만 군대가 못한 일을
단 한 사람의 한국인이 해냈다."
― 장제스 중국 국민당 총재

1941년 12월 9일
독립국 자격으로 일본에 선전포고

1945년 8월 7일
한미연합작전을 개시하여 한반도에 진입하기 직전
일본이 항복을 선언한다

1919년 4월 13일부터 27년간
3만 리 중국 대륙을 전진하며
대한민국 임시정부가 지나온 여정

드디어 그 길의 종착지
1945년 11월 23일
대한민국 서울

그러나
임시정부를 기다린 것은
미군과 6대의 장갑차였다

미 군정의 해산령에 따라
해체된 10만 광복군
그리고 분단과 한국전쟁

흔적도 없이 사라진
대한민국 임시정부의 기록과 국새

오늘 우리에게 남겨진
대한민국 임시정부 27년
길 위의 역사

'우리 대한국민은
3·1운동으로 건립된
대한민국임시정부의 법통과
불의에 항거한 4·19 민주이념을 계승하고…'
— 대한민국헌법 전문前文 중에서

by the people 16 ＋
민주공화국을 선포한 대한민국 최초의 정부

　1919년 3·1운동 전후로, 항일운동을 체계적으로 지휘할 구심점의 필요성을 절감하던 애국지사들은 1919년 4월 13일 상해에 모여 대한민국임시정부(이하 임시정부)를 수립했다. 통치권이 미치는 국토와 국민이 없고, 대한제국과는 건국주체와 이념이 달랐던 임시정부는 일반적인 정부도, 망명정부도 될 수 없었으나 전全민족적 독립운동에 기반한다는 점에서 정통성을 확보했다. 이후 1945년 8월 15일 해방까지 임시정부는 27년 동안 상해를 비롯한 중국 각지를 떠돌며 조선의 자유와 독립을 위해 투쟁했다.

　임시정부가 상해를 거점으로 삼은 이유는 두 가지다. 당시 상해는 동북아시아에서 가장 국제화된 도시이자 프랑스 조계가 있던 곳으로, 외교를 통한 독립을 도모할 수 있었다. 중국에 가장 많은 조선인이 살고 있고, 중국 정부의 태도가 독립을 좌우하는 중요한 요소가 된다는 점은 상해를 선택한 또 다른 요인이었다.

　1919년 6월 11일 임시정부는 국호를 대한민국으로 정하고 국무원 선거를 치르는 한편, 전문10조의 대한민국임시헌장을 발표했다. 임시헌장1조에는 "대한민국은 민주공화제"라고 명시하여 왕정복고를 거부하고 인민이 주인인 민주공화국을 선포했다. 이후 대한민국

大韓民國臨時政府

임시정부 헌법은 여러 차례(1925, 1927, 1940, 1943, 1944년) 개정되지만 민주공화국을 지향하는 원칙만큼은 고수하여, 1948년 제헌헌법1조("대한민국은 민주공화국이다")와 2조("대한민국의 주권은 국민에게 있고 모든 권력은 국민으로부터 나온다")로 이어졌다.

맨몸으로 대륙을 떠돌다

자주독립의 염원으로 출발한 임시정부는 1920년대 말 극심한 재정난에 빠졌다. 당시 주석이었던 백범 김구의 자서전 『백범일지』는 이 무렵 임시정부의 비참한 상황을 자세히 기록하고 있다. 정부청사를 허름한 사저로 옮겼는데도 집세를 내지 못해 소송을 당할 정도였으니, 독립운동은 사실상 답보상태에 놓여 있었다. 정치적으로도 난국이었다. 중국 장제스 국민당 정부는 임시정부를 인정하지 않았고, 일본군이 만주에 진격하면서 독립군과의 연결도 끊어진 상태였다. 궁지에 몰린 김구는 미국, 하와이, 멕시코 등지의 교포들에게 지원을 호소하는 편지를 보냈다. 각지에서 성금이 모여들자 김구는 난맥을 돌파하고자 두 차례 폭탄의거를 기획했다. 1932년 1월

이봉창의 일왕폭살미수사건과 4월 윤봉길의 홍구공원사건이다. 이 일로 일본의 만주침략에 분개하던 중국인들의 관심을 집중시킨 임시정부는 마침내 국민당 정부와 협력체계를 구축한다. 장제스에게 예산을 지원받고, 중국 중앙군관학교에 한인특별반이 만들어지면서 임시정부는 지속적인 사업을 구상할 수 있었다. 그러나 1932년 5월, 일본의 탄압을 피해 항주로 근거지를 옮기면서 모든 계획은 수포로 돌아갔다.

  항주를 시작으로 진강, 장사, 광동, 유주, 기강을 떠돌던 임시정부는 1937년 중일전쟁이 발발하자 국민당 정부를 따라 1940년 9월 중경에 자리 잡았다. 중국 각지에 흩어져 있던 독립군들이 중경으로 모여들었다. 1941년 12월 미일전쟁과 함께 해방이 현실문제로 다가오면서 임시정부는 좌우로 분열되어 있던 진영을 정비하여 해방조국을 운영할 '합작정부'를 기획했다. 이승만의 맹렬한 반대를 무릅쓰고 임시정부는 연립정부로 개편하고, 좌파인 장건상을 국무위원으로, 김원봉을 국무위원 겸 군무부장으로 임명했다. 1942년

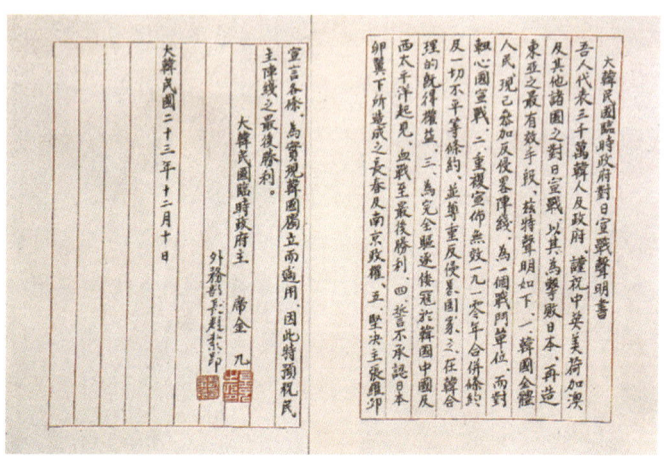

7월에는 중국 정부와 군사협정을 체결하면서 정규군대로서 '광복군' 편성을 서둘렀다. 얼마간 지지부진했던 광복군 창설은 일본군에서 탈출한 학병學兵이 중경으로 집결하면서 활력을 띠었다. 1944년 임시정부는 김구를 주석으로 세우고 미군과 함께 광복군의 국내진공작전을 준비했다. 1945년 8월 9일 김구가 참관한 가운데 광복군 특수훈련을 시작했다. 그러나 광복군의 힘으로 서울을 해방하겠다는 의지는 8월 15일 일본이 무조건 항복을 선언하면서 무산되었다. 임시정부는 중국의 벌판에서 광복을 맞았다.

경교장에 유폐된 정통성

1945년 9월 9일 미군사령관 존 하지John R. Hodge가 서울로 진주하여 총독부 건물에 성조기를 달았다. 같은날 맥아더 사령부는 「조선 인민에게 고함」이라는 포고 제1호를 발호하고 "북위 38도 이남의 조선 영토와 조선 인민에 대한 통치의 전권은 당분간 본관의 권한 하에 시행한다"고 알렸다. 이승만은 물론 임시정부도 인정하지 않았던 미군정은 개인자격으로만 이들의 입국을 허용했다. 1945년 11월 29일 임시정부 주석 김구, 부주석 김규식, 국무위원 이시영, 문화부장 김상덕, 참모총장 유동열, 선전부장 엄항섭 등이 하지가 보낸 비행기를 타고 김포비행장에 도착했다. 환영인파는 미군뿐이었다. 장갑차 여섯 대에 나눠 앉은 임시정부 간부들은 서대문 경교장京橋莊으로 안내되어 여장을 풀었다. 그날 저녁 6시 하지는 "오늘 오후 김구 선생 일행 15명이 서울에 도착했다. 오랫동안 망명했던 애국자 김구 선생은 개인의 자격으로 서울에 돌아온 것이다"라고 짤막한 성명을 발표했다.

냉전이데올로기 아래 미군정은 국외에서 활동하던 김구의 임시정부, 국내에서 활동한 (좌파)여운형의 인민공화국을 모두 부인하는 대신, 총독부를 관리하던 일본인과 증오의 대상이던 한국인 경찰을 그대로 유입했다. 지주와 친일세력들로 구성된 한국민주당도 미군정에 적극 협조하면서 강력한 발언권을 행사했다.

1945년 12월 미국, 영국, 소련이 모스크바에서 회의를 열었다. '모스크바 3상 회의'는 한국에 임시 민주정부를 세우기 위해 미·소 공동위원회를 설치하고, 최대 5년 동안 미국, 영국, 중국, 소련이 신탁통치하기로 결정했다. 김구를 비롯한 민족지도자들은 즉각 '신탁통치반대국민총동원위원회'를 구성하고 신탁통치 반대운동을 주도했다. 애초에 공산당도 뜻을 같이 했으나 소련의 입김으로 태도를 바

꾸면서 좌우대립이 격화되었다. 1947년 10월 미국이 이 문제를 유엔에 상정하자, 유엔은 총회를 열어 "9개국으로 구성된 유엔한국임시위원단을 설치하고, 위원단의 감시 하에 남북한 총선거를 실시하여 조속한 시일 내에 통일독립정부를 수립한다"는 결의안을 통과시켰다. 그러나 소련은 이 결정이 "인구가 적은 북한에게 절대적으로 불리하다"면서 유엔한국임시위원단의 북한 진입을 막았다. 1948년 유엔은 다시 소총회를 열어 "선거가 가능한 지역만이라도 총선거를 실시하여 정부를 세울 것"을 결의했다. 친일세력과 미군정을 배후에 둔 이승만이 남한 단독정부를 찬성한 가운데, 김구와 김규식은 "남한만의 선거는 민족을 영원히 분단시킬 우려가 있다"면서 남북협상을 추진했다. 국민의 뜨거운 성원에도 불구하고 남북협상은 결국 결렬되었고, 1948년 5월 10일 유엔한국임시위원단의 감시 아래 남한 단독 선거를 치르기로 설정했다. 제주도 남로당이 이에 반대하며 집회를 열자 경찰과 미군정이 이를 진압한다는 명목으로 수천 명의 양민을 학살했다. 제주 4·3항쟁의 전모다. 1948년 5월 10일 국회의원 선거가 치러졌다. 좌파와 임시정부는 배제된 채였다. 선출된 국회의원들은 제헌헌법을 공포하고 초대 대통령으로 이승만을 세웠다. 이승만 대통령은 1948년 8월 15일 대한민국 정부수립을 국내외에 선포했다.

해방보다 건국이 중요한 이유

뉴라이트new right는 다양한 형태의 보수와 우익 성향을 포괄하는 개념으로 1980년대 영국의 대처, 미국의 레이건 행정부의 정책 기조를 이룬 정치운동이다. 한국에서는 2005년 '교과서포럼' '뉴라이트전국연합' 등의 출범과 함께 부각되었는데, 역사학자 김기협은 "2002년 대선의 뜻밖의 패배에 이어 2004년 총선에서 의회 다수당 자리까지 빼앗긴 수구파는 벼랑 끝에 몰렸다는 위기감에 빠졌고, 그 위기를 돌파하기 위한 노력이 뉴라이트 운동으로 나타났다"고 분석했다. 뉴라이트는, 철학적으로는 사회적 책임을 부정하는 원자론적 개인관을 주장하고, 경제적으로는 자유방임주의를 지지하며, 사회적으로는 재산권을 기본권으로 격상시키고 있다. 뉴라이트의 동의어로 신자유주의, 신보수주의가 거론되는 이유다.

2008년 3월 24일 교과서포럼은 기존 교과서의 현대사와 경제사 관련 서술을 문제 삼아 이 부분을 중점적으로 수정한 『대안교과서 한국 근·현대사』를 출간했다. 이에 따르면 식민지시대는 자본주의 시장경제가 구축된 시기이고, 친일·반민족행위자들은 일제의 식민통치와 식민지근대화 과정에 잘 적응해 근대적 능력을 배양하고 대한민국 발전에 초석을 놓은 '근대화 선구자'이며, 조선총독부는 사회를 효율적으로 운영하는 합리적인 근대국가기구다. 역사학계의 입장은 물론 비판적이다. 덕성여대 사학과 한상권 교수는 "이러한 입장을 수용할 경우 대한민국은 헌법에서 말하는 것처럼 3·1운동으로 건립된 대한민국임시정부의 법통을 계승한 것이 아니라, 일제 식민통치의 근대화 성과를 계승·발전시켜 성립한 것이 된다. 친일·반민족행위는 건국역량을 준비하기 위한 애국활동으로 미화되며, 그 완결판은 근대문명을 학습한 세력이 중심이 되어 세운 1948년 정부수립이다. 뉴라이트가 1945년 해방보다 1948년 건국에 더 의미를 부여하고 건국절을 기념일로 제정해야 한다고 주장하는 이유도 여기에 있다"고 말했다.

2012년 11월 26일 서울 세종로에 대한민국역사박물관이 개관했다. 2008년 이명박 대통령이 8·15 경축사에서 건립의지를 공표한 뒤 총 448억 원의 예산을 들여 완성한 근현대사 박물관이다. 건립 위원 대부분은 뉴라이트 계열이며, 전시 내용은 '태동' '기초확립' '성장과 발전' '선진화와 세계로의 도약' 등 '성공신화'를 중심으로 구성되어 있다.

다시 쓰는 한국현대사 1·2·3
박세길 저, 돌베개, 1988.

1940~1980년대까지, 해방에서 민주화까지의 파란만장한 한국현대사를 기술한다. 1권은 해방에서 한국전쟁까지의 숨가쁜 역사, 2권은 1960~1970년대의 엄혹한 현실을 되짚는다. 3권은 1990년대 초까지 계속된 민주화운동을 조명하면서 제도교육이 누락한 역사적 공백을 메운다.

뉴라이트 사용후기
한윤형 저, 개마고원, 2009.

저자는 탈민족주의자를 자처하는 3세대 철학도로서 뉴라이트와 민족주의로 양분돼 있는 '구시대적' 역사관을 비판한다. 친일 vs. 반일, 수탈 vs. 근대화 등 이분법적 구도에 기반한 역사논쟁은 민족을 중심에 두었다는 점에서 동전의 양면에 불과하다. 저자는 이 소모적인 싸움을 종식할 방안으로 '보편적 이성'을 제시한다.

by the people 17

대법원장의 말

"이의 있으면 항소하시오!"

1950년 어느 날
박봉을 참다못해
대법원장을 찾은 한 판사에게
돌려준 대법원장의 말

"나도 죽을 먹고 살고 있소.
조금만 참고 고생합시다!"

"너무 추워요.
잉크병이 다 얼어버렸다니까요."

추위에 덜덜 떠는 판사들

그러나
영하 5도가 되기 전까지
난방은 어림없는 소리

ⓒ 대법원 도서관

"다른 관청은 다 외제를 쓰는데
우리만 나쁜 국산을 쓰니
세상에 누가 알아주겠습니까?"

그럴 때마다 날아드는 호통

"나라를 찾은 지 얼마나 됐다고!
국록을 먹는 우리가 아니면
우리 산업은 누가 키웁니까!"

정부에서 내려온 예산까지 돌려보내며
법관들의 허리띠를 졸라맨 이유

"공직자에겐 청렴이 우선이다."

그가 평생 지독하게 대했던
또 한 사람
대. 통. 령.

1949년
친일파 처벌에 소극적이었던 대통령
vs.
반민족행위자의
신속한 처벌을 주장한 대법원장

1954년
독재를 연장하기 위해
'사사오입' 개헌을 단행한 대통령
vs.
"절차를 밟아 개정된 법률이라도
그 내용이 헌법정신에 위배되면
국민은 입법부의 반성을 요구할 권리가 있다."
대법원장의 공개 비판

눈엣가시 같은 대법원장에게
사표를 요구하는 대통령에 대한
대법원장의 응수

"이의 있으면 항소하시오!"

독립운동가들을 무료 변론했던 시절부터
대법원장으로 지낸 9년 3개월
그가 지키고자 했던 한 가지

독립

국가의 독립·사법부의 독립·민주주의 실현

"법관이 국민으로부터 의심을 받게 된다면
최대의 명예손상이 될 것이다.
정의를 위해 굶어죽는 것이 부정을 범하는
것보다 수만 배 명예롭다. 법관은 최후까지
오직 '정의의 변호사'가 되어야 한다."
— 1957년 12월 퇴임사

대한민국 초대 대법원장
가인街人 **김병로** 1887-1964

by the people 17+
동도서기로 무장한 구한말 변호사

　가인 김병로는 1887년 전라북도 순창에서 태어나 조부모 슬하에서 자랐다. 그 영향으로 17세 때 한말 거유巨儒였던 전우田愚에게 한학을 배웠으나 이듬해 신학문을 접하면서 동도서기東道西器를 견지했다. '동양의 정신 위에 서양의 기술'을 덧대는 동도서기는, 서구의 학문을 익히고 수행하면서도 꼬장꼬장한 선비정신을 잃지 않았던 김병로의 삶으로 현실화되었다. 1905년 을사늑약이 체결되자 의병 70여 명과 함께 일인보좌청日人補佐廳을 습격할 만큼 민족적 결기가 대단했던 김병로는 1910년 일본으로 건너가 니혼대학 전문부 법학과와 메이지대학 야간부 법학과에 입학했다. 변호사가 되어 "일본의 박해 속에서 신음하는 동포를 위해 도움이 될 수 있는 행동을 하기 위해서"였다.

　1919년 김병로는 변호사 개업을 하고 허헌, 김용무, 김태영 등과 함께 서울 인사동에 형사공동연구회를 창설했다. 겉으로는 연구단체를 표명했으나 독립운동가를 무료 변론하고 그 가솔들을 돌보는 것이 주목적이었다. 이곳에서 김병로는 여운형·안창호 등의 치안유지법위반사건, 김상옥의사사건, 광주항일학생운동, 6·10만세운동, 조선공산당사건 등 굵직한 시국사건 변론을 맡았다. 좌우분열을 배

제하고 민족적 역량을 결집하고자 1927년 신간회新幹會에 가입하였고, 1931년 내부갈등으로 해산하기까지 중앙집행위원장을 역임하는 등 활발하게 활동했다. 결벽한 민족주의자로서 한때 사회주의 단체에도 관여할 만큼 유연한 사고를 지녔으나 삶의 태도는 늘 바르고 엄성했다. 심병로와 함께 숱한 항일변호를 맡았던 이인은 "당시 사회운동하는 사람들이 다 넉넉치 못해 신간회 동지들이 가인의 집에서 기식하면서 부근 설렁탕집에서 식사를 하기도 했는데, 1년 만에 그 밥값을 갚으면서 자신의 서대문집 근 50간을 팔았다"고 술회했다.

초법적 권력에 맞선 꼿꼿한 사법정신

1948년 8월 5일 대한민국 초대 대법원장으로 선출된 그는 가장 먼저 일제강점기 때 일본에 부역하여 민족에 해를 끼친 자를 처벌하는 것이 민족적 과제임을 천명하고 1948년 '반민족행위처벌법'을 이끌었다. 친일파와 결탁한 이승만 정부는 김병로의 행보와 정면충돌했다. 양측의 갈등은 1948년 10월 반민특위가 구성되고 1949년 김병로가 반민특위 특별재판부 재판관장을 맡으면서 본격화되었다. 이승만 대통령은 반민특위를 비난하는 담화를 연이어 발표하는 한편 반민법 개정을 요구했다. 김병로는 민주주의 원칙에 입각한 사법부 독립을 주장하면서 행정부의 간섭을 거부했다. 권력의 비호 아래 친일세력은 특위위원을 습격하고, 특경대를 해산하고, 백범 김구를 암살했다. 결국 반민특위는 1949년 10월 해체했고 반민법은 1951년 2월 폐지되었다. 이 과정에서 이승만 대통령은 골수염으로 한쪽 다리를 절단하고 병원에 누워 있던 김병로에게 사표를 종용했는데, 조선일보는 "지팡이를 짚고 한쪽으로 기운 그의 모습은 병들기 시작한 사법부의 모습 그대로였다"고 당시 상황을 진술했다.

평소 사법종사자들에게 "굶어죽는 것을 영광으로 여기라"며 청렴한 정신을 강조했던 김병로는 1957년 12월, 사법부의 독립성을 유지할 수 있도록 법관의 최저생활을 보장해달라고 호소하면서 퇴임했다. 하지만 재야에 물러난 후에도 4·19항쟁을 지지하고 5·16 군사정변을 규탄하는 등 민주주의 최전선에 서서 초법적인 권력에

저항했다.

유신에 무너진 삼권분립

사법파동은 1971년 7월 28일 서울지방검찰청이 서울형사지방법원(이하 서울형사지법) 이범렬 부장판사와 최공웅 판사, 입회서기 이남영에게 구속영장을 신청한 데 반발하여 현직판사들이 집단사표를 제출한 사건이다. 1971년 4월 대통령선거에서 김대중에 가까스로 승리한 박정희 대통령은 7월에 3선 임기를 시작했다. 이 무렵 대법원은 사상 처음으로 위헌심판권을 행사하여 군인과 군속의 손해배상권을 제한하는 국가배상법을 위헌이라 판결하고, 학생시위로 구속되거나 반공법으로 기소된 문인들에게 잇달아 무죄를 선고했다. 격노한 박정희 대통령은 법무장관 신직수에게 '사법부 길들이기'를 지시했다. 이에 검찰은 위 재판부가 제주도에 출장을 다녀오면서 변호인에게 왕복항공료와 술값 등 9만 7,000여 원의 향응을 받았다며 구속영장을 신청했다. 서울형사지법 판사들은 법조계의 의례적 관행을 빌미로 법관을 구속하려는 처사가 대법원의 국가배상법 위헌판결과 서울형사지법의 무죄판결에 대한 감정적 보복으로밖에 볼 수 없다며 일제히 사표를 제출했다. 또한 이번 집단행동이 단순히 동료를 두둔하기 위한 게 아니라 '사법권 독립'을 수호하기 위한 것이라면서, 사법권 침해사례 일곱 조항을 공개했다. 대통령과 사법부의 대립은 영장을 청구한 공안부 라인을 문책성 전보인사조치하고, 판사들이 사표를 자진철회하는 것으로 한 달 만에 마무리되었다.

1972년 유신헌법이 공포되었다. 이에 따라 대통령 직선제는 간선제로 바뀌었고 국회의원 3분의 1과 모든 법관을 대통령이 임명할 수 있게 되었다. 입법부와 사법부가 대통령에게 완전히 귀속된 것이다. 1973년 3월 법관재임용에서 전체 법관의 10%가 넘는 48명의 법관이 법복을 벗었다. 국가배상법 위헌판결에서 위헌의견을 낸 대법원 판사 아홉 명을 비롯해 학생들을 무죄방면하거나 구속영장을 기각한 판사 대부분이 재임용에서 탈락했다. '살아남은' 판사들은 권력에 길들여졌다. 1981년 3월 제5공화국이 출범하면서 유신헌법은 파기되었으나 대통령의 대법원장과 대법원판사 및 일반법관 임명권은 존속되었다.

가카에게 빅 엿을 날린 대가

2차 사법파동은 1988년 출범한 노태우 정부가 제5공화국 당시 활동했던 사법부 수뇌부를 재임용하면서 발발했다. 소장 판사 335명이 성명서와 함께 일어섰고, 사건은 김덕주 대법원장의 퇴진으로 마무리되었다. 그러나 행정부에 대한 사법부의 독자행로를 주장하는 사법파동은 이후로도 계속되었다. 1993년 2월 김영삼 대통령의 '문민정부'가 출범하자 서울중앙지법 민사단독 판사 40여 명은 "사법부의 자기반성 없이는 진정한 개혁이 이뤄질 수 없다"는 내용의 「사법부 개혁에 관한 건의문」을 발표했다. 법원의 독립성을 확보하고자 법관의 신분보장과 법관회의를 요구한 이들의 항명은 결국 김덕주 대법원장을 자리에서 끌어내렸다. 2003년 서울지법 북부지원 박시환 판사는 '서울대 법학과 출신, 남자, 현직 법관 가운데 연공서열 중심'으로 대법관을 인선하는 관행에 이의를 제기했다. 4차 사법파동이다. 그 결과 김용담 대법관은 예정대로 인선되었지만, 전효숙 서울고법 부장판사가 여성 첫 헌법재판관, 김영란 대전고법 부장판사가 여성 첫 대법관이 되는 등 대법관 인선관행이 획기적으로 개선되었다. 1948년 헌법제정 이래 끊이지 않는 사법파동은, 사법부의 자정능력을 증명하는 한편으로 행정부와의 끊임없는 긴장을 확인시키고 있다.

2011년 12월 7일 방송통신위원회는 SNS 전담부서를 만들어 트위터나 페이스북 등에 올라오는 글을 심의하겠다고 발표했다. 서울북부지원 판사 서기호는 페이스북에 "방통위는 나의 트윗을 적극 심의하라. (…) 앞으로 분식집 쫄면 메뉴도 점차 사라질 듯. 쫄면 시켰다가는 가카의 빅 엿까지 먹게 될 테니"라는 글을 올려 언론자유를 침해하는 정부를 비판했다. 이른바 '가카 빅 엿 사건'이다. 2012년 2월 서기호 판사는 법관재임용에서 탈락했다.

한홍구 교수가 쓰는 사법부−회한과 오욕의 역사
http://asset.hani.co.kr/arti/SERIES/214/

성공회대 교양학부 한홍구 교수가 2009년부터 약 2년 동안 한겨레에 연재한 기획 칼럼이다. 1948년 헌법제정 이후부터 오늘날까지 법조계와 관련한 굵직한 사건들을 훑으며 사법부를 길들이려 했던 권력의 욕망과 저항과 순응의 갈림길에서 길항하는 사법부의 갈등을 탐색한다. 보통 사람들에게는 멀고 어렵기만 한 법조계 이야기를 대중적인 언어로 쉽게 풀어썼다.

by the people 18
어머니의 고백

ⓒ 펄벅기념관

"당신의 아이는 가망이 없습니다.
이 아이는 평생
아주머니의 짐이 될 겁니다."

부모가 죽는 슬픔은 언젠가는 달래진다.
그러나 영영 회복되지 않는 아이를 키우는 슬픔은
영원히 달래지지 않는다.

'그런데 내가 죽고 나면
이 아이는 어떻게 살아가지?
이 아이에게는 친구와 선생님이 필요해.'

아이 손을 잡고 찾아다닌
아이의 학교

아이들은 마치 짐승 떼처럼 한 곳에 몰려 있었다.
바닥에 먹을 것을 주면 낚아채다가 먹었다.

아이들은 고개를 푹 숙이고
손을 늘어뜨리고 있었다.

그리고
그곳에서 목격한 또 하나의 사실

제2차 세계대전 직후
미국의 정신지체아 시설에 수용되어 있던
혼혈의 전쟁고아들

그곳에 들어가면
정상이었던 아이들도
정신지체가 되어버린다.

이 모든 아이들은
최대로 성장할 권리가 있다.

여인이 직접 나서서 설립한
'환영의 집'
미국 최초의
아시아계 고아들을 위한 비영리시설

50여 년 동안 그녀가
미국 가정에 입양시킨 혼혈아, 장애아들
5,000여 명

50여 년 동안 그녀가
돈을 벌기 위해 쓴 책들
300여 권

소설 속에
아무도 모르게 감춰둔
작가 자신의 슬픔

"큰딸은 그 나이 또래에 마땅히 해야 할
말이나 행동들을 할 줄 몰랐다.
아버지와 눈길이 마주칠 때면
아직도 아기처럼 미소만 짓는다."
─『대지The Good Earth』

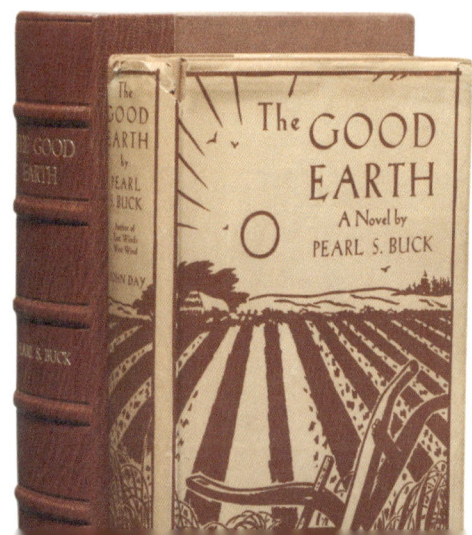

50여 년 동안 그녀가
마음에 품고 살았던
한 아이

정신지체를 앓고 있는 아이의 장애
그리고 어머니의 고백

그 애가 아니었다면,
그 애가 그냥 평범한 아이였다면,
나는 아무것도 쓰지 못했을 것이고
아무것도 하지 못했을 것이다.

그 애를 아주 조금이라도 더
성장할 수 있게 하기 위해,
나는 돈을 벌어야 했고 글을 써야 했고
세상을 바꿔야 했다.

1932년 퓰리처상 수상
1938년 노벨문학상 수상
소설 『대지』의 작가

펄 벅 1892-1973

by the people 18⁺

문화적 이중초점을 지닌 '여성-작가'

1892년 미국 웨스트버지니아 주 힐스버러에서 태어나 생후 3개월 만에 선교사 부모를 따라 중국으로 건너간 펄 벅Pearl Buck은, 18세에 미국 랜돌프–메이컨 여대에 진학하여 4년간 공부한 것을 제외하고 40여 년을 중국에서 보냈다. 전근대적 중국과, 엄격한 미국인 선교사로서 중국인과 자신들의 삶을 분리했던 부모 사이에서 펄 벅은 '문화적 이중초점'을 내재했다.

대학을 졸업하고 중국으로 돌아와 미국인 농학자 로싱 벅과 결혼했지만 무심한 남편과 첫 딸 캐롤의 장애로 깊은 절망에 빠진 그녀는 딸에 대한 죄책감과 고통 속에서 글을 썼다. 마지막 왕조가 무너지는 격동의 중국에서, 미국인도 중국인도 아닌 '혼종적 여성' 펄 벅은 예민한 시각과 감수성으로 새로운 문명과 마주하는 아시아/여성의 삶을 포착했다. 1930년 중국에서 충돌한 동서양문명의 갈등을 다룬 『동풍·서풍』은 첫 결정結晶이다. 이후 펄 벅은 장·단편소설, 희곡, 자서전, 번역서(중국 문헌), 아동문학, 수필, 시 등 거의 모든 장르를 망라하며 300여 권의 책을 써내려갔다. 주제는 언제나 아시아, 그 중에서도 여성이었다. 중국계 미국 작가 맥신 홍 킹스턴의 상찬대로 "펄 벅은 서양문학에 처음으로 아시아의 목소리를 들

려준 사람"이자, 13세기 마르코 폴로 이후 중국에 관해 쓴 가장 영향력 있는 서양인이었다. 작품 중 상당수는 베스트셀러가 되었으며 15권은 '이달의 북클럽'에서 뽑은 '이달의 책'으로 선정되기도 했다. 1938년 『대지』 『아들들』 『분열한 집』으로 구성된 이른바 '대지 삼부작'으로 노벨문학상을 받으면서 작가이력은 정점을 찍었다(미국 여성작가 중 노벨문학상을 받은 사람은 토니 모리슨과 펄 벅 두 명뿐이다).

'사이'에 놓인 자들을 위한 투쟁

1934년 펄 벅은 그녀의 책을 출판하던 J. 데이출판사 사장 R. J. 월시와 재혼하여 미국에 정착했다. 필라델피아에 구입한 허름한 농가는 향후 수십 년 동안 입양한 일곱 명의 아이들과 함께 산 집이자, 인종 간 증오문제를 해결하고 결손가정 등에서 태어나 혜택 받지 못한 아이들을 돕기 위한 활동본부가 되었다.

중국에 거주하면서 서구문명의 야만적 침략을 목격했던 펄 벅은, 교류와 이해를 통한 동서 간 화합을 꿈꿨다. 남편 월시와 함께 10

여 년간 잡지 『아시아』를 발행하면서 그녀는 당시 악명 높았던 중국인이민배제법을 폐지하고자 전국운동을 벌였다. 제2차 세계대전 중에는 미국계 일본인들을 억류한 미국의 정책에 강력히 항의했다. 1941년 교육을 통해 동서양의 문화교류를 전담하고자 '동서협회'를 설립했으나, 매카시즘의 표적이 되면서 1950년대 초 해산했다. 냉전 이데올로기가 맹위를 떨치던 시절, 여성과 아시아·아프리카계 미국인들의 인권과 국제적 이해를 적극 옹호한 펄 벅은 '사상불순자'로 낙인찍혔고, FBI 국장 에드거 후버의 적대적인 관심대상이 되었다. 1937년부터 FBI가 작성한 펄 벅 관련 서류는 300여 쪽에 달한다.

한편 펄 벅은 '자라지 않는 아이'를 둔 자전적 경험을 바탕으로 정신적·신체적 장애를 가진 아동과, 아시아와 미국계 혼혈아동의 권리를 보호하는 데 앞장섰다. 제국에서 태어나 변방에서 자란 펄 벅은 이 '사이in-between'의 아이들에 주목했다. 기존의 입양기관이 장애인, 아시아인과 미국인 혼혈, 아시아 아이들을 입양할 수 없다고 하자 펄 벅은 1949년 직접 입양기관 '웰컴하우스Welcome House, Inc'를 세웠다. 이후 45년 동안 웰컴하우스는 그녀의 일곱 아이들을 비롯해 5,000명 이상의 아이들을 미국 가정에 입양했다. 미국계 사생아들을 돕기 위한 '펄벅재단Pearl S. Buck International'은 1964년 설립되었다. 유한양행 설립자 유일한 박사의 중국계 아내 호미리와 친분이 있던 펄 벅은, 1962년 한국을 배경으로 한 소설 『살아 있는 갈대』의 자료조사차 한국을 방문했다가 버려진 미국계 혼혈아들의 비참한 현실을 목격한다. 충격에 빠진 펄 벅은 곧장 재단을 세웠고, 1967년 경기도 부천의 '소사희망원'을 시작으로 아시아 10여 개국 2만 5,000여 명의 혼혈아동에게 교육과 의료를 제공했다. 소사희망원은 1976년 문 닫기까지 약 1,500명의 혼혈아동을 양육했으며 특히 양재, 미용, 목공 등 직업훈련에 열정을 쏟으면서 혼혈아동들이 사회구성원으로 정착할 수 있도록 힘썼다. 오늘날 펄벅재단은 미국 필라델피아에 본부를 두고 세계 11개국에서 혼혈, 고아, 장애인 등 소외된 아동을 돕고 있다.

고아까지 수출하던 그때 그 시절?

한국의 해외입양은 한국전쟁 직후인 1955년, 전쟁고아 여덟 명이 미국에 입양되면서 시작되었다. 이후 꾸준히 늘어 1980년대 중반 해외로 입양되는 아이들의 수는 연 9,000명에 다다랐다. 이 시기 한국에서 덴마크로 입양된 앤더스 리엘 밀러는 이것이 경제발전에 저해되는 요소를 축출하고 양육의 책임을 다른 나라에 전가하려는 한국 정부의 '정치적 선택'이었다고 주장한다. "1970년대 개발 프로젝트의 목표는 전쟁으로 폐허가 된 농경사회 한국을 세계 경제강국으로 변화시키는 것이었다. 당시 내 친부모님은 아주 가난했다. 경제적 어려움 때문에 나는 임시로 고아원에 보내졌다. 나중에 아버지가 고아원에 나를 찾으러 오셨을 때, 나는 부모님 동의도 없이 이미 해외입양 보내진 상태였다. 지금까지 약 20만 명의 한국 아이들이 해외입양 되었는데, 대부분 1970년대 박정희 정권과 1980년대 전두환 정권 시기에 일어났다. 한국의 해외입양은 급진적 경제발전 과정에서 일어나는 사회문제를 해결하기 위한 것이었다."

당시 한국이 해외입양을 통해서 벌어들인 돈은 매해 2,000~4,000만 달러로 추정된다. 기업이 100만 달러 수출만 해도 훈장을 받던 시절, 정부는 소외계층 자녀를 해외입양 보냄으로써 사회복지

비용을 줄이고, 벌어들인 돈은 경제에 재투자하며 경기를 부양했다. 한국에 '고아수출국'이라는 꼬리표가 붙은 이유다.

허술한 입양시스템은 수많은 피해자를 양산했다. 입양기관이 호적기록을 조작해 아이를 찾을 수 없게 만드는가 하면, 친부모가 데려간 아이를 대신해 비슷한 얼굴의 아이를 입양보내는 일도 있었다. 사후관리는 더욱 허술했다. 입양기관이 입양인의 국적취득 여부를 확인하지 않는 바람에 현재 국적취득 여부가 불분명한 입양인이 2만 3,000여 명이다. 또한 주변 사람들의 곱지 않은 시선과 정체성의 혼란 속에서 성장한 해외입양인들의 우울증, 약물중독, 알코올중독, 이혼율, 자살률의 비율은 일반인보다 3~5배 높다.

OECD 회원국으로 '격상'된 오늘날까지 한국의 해외입양은 계속된다. 미국 국무부 통계에 따르면, 2011년 한국은 736명을 미국으로 입양 보내 중국(2,589명), 에티오피아(1,726명), 러시아(970명)에 이어 4위(누적 통계 1위)를 차지했다.

'베이비 박스'의 불편한 진실

2012년 8월 시행된 입양특례법은 입양아동의 권익을 보호하고 입양절차 전반에 걸쳐 국가의 관리·감독 의무를 강화하는 데 초점을 맞췄다. 입양은 신고제에서 허가제로 바뀌었고, 입양 전 아이의 출생신고를 의무화하면서 그동안 입양아동들의 인권을 강조했던 관계자들의 요구를 반영했다.

서울 관악구 난곡동 '주사랑공동체의 집'은 2009년 12월, 원하지 않는 아이를 두고 갈 수 있도록 '베이비 박스'를 설치했다. 2012년 9월 말까지 3년여 동안 이곳에 98명의 아이가 남겨졌는데, 그 중 약

4분의 1인 24명이 입양특례법이 시행된 후 두 달 동안 버려졌다. 정식으로 입양을 보내려면 출생신고를 해야 하는 규정 때문에 어쩔 수 없이 아이를 '유기'한 것이다. 미혼모자시설 '아름뜰' 조선미 원장은 "개정된 법률은 아이를 국외로 보내지 말고 직접 양육하라는 메시지도 담고 있다"면서 "입양아동의 부모 가운데 90%가 미혼모이고, 10대 청소년이 미혼모의 40% 이상인 상태에서 그들이 아이를 키울 수 있는 여건에 있는지 곱씹어보고 미혼모 지원책을 강화해야 한다"고 말했다. 2011년 124억 원이던 여성가족부 미혼모 예산은 2012년 86억 원으로 삭감되었다.

+BOOK

펄 벅 평전
피터 콘 저, 이한음 역, 은행나무, 2004.

미국 여성 최초의 노벨문학상 수상자 펄 벅의 생애를 기록한 평전이다. 미국에서 태어나 중국에서 자라며 이중의 정체성을 체득한 펄 벅이 여성으로서, 어머니로서, 문학가로서, FBI의 삼엄한 감시 속에서 인권운동가로서 활동하며 국가 간, 인종 간 이해를 추구하던 삶과, 바로 그 이유 때문에 부당한 평가를 받을 수밖에 없었던 정치적·사회적 정황을 세심하게 복원했다.

피의 언어
제인 정 트렌카 저, 송재평 역, 도마뱀출판사, 2012.

생후 6개월 만에 미국으로 입양된 저자의 자전적 에세이다. 신파로 아로새긴 '입양문학'의 전형성에서 벗어난 단단한 문학적 구도 안에서 사회의 암묵적 동의 하에 지속되고 있는 한국의 입양문제를 고발한다.

by the people **19**

마지막 30년

마침내

그토록 열망하던
때가 오고야 말았다

반평생 노인을 괴롭힌
지긋지긋한 생계

빵을 벌어야 하는 압박에서 간신히 벗어나
오십 줄에 마련한 꿈의 무대

행인에게 방해받지 않을 외떨어진 황무지
낡아빠진 책상
그리고 언제나 열어둔 창문

모든 준비를 마치고
노인이 기다린
'여름의 아이들'

곤충

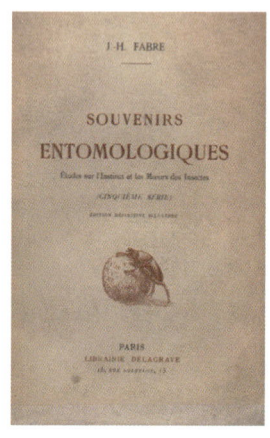

"똥 구슬을 함께 굴리는 쇠똥구리는
협동하는 것처럼 보이지만
실상 한 놈은 똥 구슬을 뺏으려고
호시탐탐 기회를 노리고 있다."

변두리 은둔자
허름한 노인이 뒤집은 것은
죽은 곤충의 채집과 분류에만 치중한
당시 곤충학의 통념

"정원에서 벌레를 잡는 금색딱정벌레는
악충도 해충도 아니다.
이런 기준은 인간의
옹졸한 자만심에서 나온 것이다."

쉰다섯부터
아흔을 바라보는 나이까지

인생의 황혼기에 몰입한
노인의 '뼈 빠지는 노동'
'관찰'

"해부학적 구조가 아닌 살아 있는
자연의 비밀을 연구하기는 훨씬 어렵다.
연구자는 계절, 날짜, 시간
심지어 순간의 노예다."

계절 날짜 시간 순간이 담긴
노인의 마지막 30년

원고 4,000쪽
1,500여 종
여름 아이들의 이야기

"나는 내가 관찰한 모든 혼란 속에서
이따금 진리의 빛이
새어 나오는 것을 볼 수 있다.
그 빛은 세상에 조금이나마
기여할 수 있을 것이다."

10권의 곤충기를 쓴
장 앙리 파브르 1823-1915

아흔둘
기력 없는 노구
이름만 겨우 쓸 시려
11권을 준비하던 그의 손이 멈췄다

by the people 19+
험난한 길을 걸어간 고요한 산책자

　1823년 12월 프랑스 남부의 시골마을 생레옹에서 농부의 아들로 태어난 장 앙리 파브르Jean Henri Fabre의 인생은 가난, 불행과의 악전고투로 점철돼 있다. 세 살 때 생활고로 부모와 헤어져 조부모 밑에서 자라다 일곱 살이 되어서야 겨우 가족과 상봉한 파브르는, 학교에 입학하고 나서는 수업료를 내지 못해 퇴학당했다. 부모가 궁여지책으로 연 식당이 망한 후, 파브르는 철도 건설현장에 나가 일해야만 했다. 독학으로 글을 익혀 1839년 아비뇽의 사범학교에 장학금 수혜자로 입학, 2년 만에 졸업하여 교사가 되었으나, 당시 교사는 보수가 일반 노동자보다 적은 터라 극심한 빈곤에 시달렸다. 생활비를 벌기 위해 오랜 시간 몰두했던 꼭두서니 염료 추출사업이 실패하고 나폴레옹 3세의 교육개혁에 저항하던 교사들의 반발로 그나마 교사직에서도 해임되었다. 1844년 동료 교사와 결혼하여 아들을 낳았으나 16세에 돌연 사망했다. 뒤이어 어린 두 딸과 아내마저 세상을 떠났다.

　세파에 지친 파브르는 1879년 한적한 오랑주로 이주했다. 기거하던 집은 라마l'Harmas라는 이름이 붙었는데, '경작하지 않은 넓은 땅에 야생 백리향이 가득 자란다'는 뜻이다. 이곳에 머물며 필생의 대

JEAN HENRI FABRE

작 『곤충기』 10여 권을 써내려가면서 파브르는 마을 쪽으로 단 몇 백 걸음도 나가지 않을 정도로 은둔자적인 삶을 살았다. (훗날 파브르는 세리냥으로 또 한번 이주한다.) 어렵사리 얻은 고요를 침해받는 걸 얼마나 싫어했던지, 집 앞 플라타너스에 앉아 여름 내내 울어대던 수백 마리의 매미 떼를 향해 "아! 저 미친 벌레들, 저 전염병 같은 것들. 내가 바란 것은 평화로운 생활이었는데!"라며 저주를 퍼부었다. 매미 떼를 없애기 위해 나무를 벨지 말지 심각하게 고민했던 그는 이미 집안 연못에 살던 개구리를 몰살한 전력이 있었다.

노벨과학상이 아닌 문학상 후보로 거론된 사정

『곤충기』로 주류 과학계를 놀라게 했을 무렵 그에게는 먹고살기 위해 따야만 했던 수학교사 자격증과 물리 및 수학학위, 박물학 박사학위가 있었다. 역시 먹고살고자 저술한 200여 권의 책에는 당시 거의 드물었던 과학관련 책과 교과서가 포함돼 있었다. 외부자극에 의한 곤충들의 운동성을 최초로 증명하고, 딱정벌레가 과변태한다는 증거를 처음으로 제시한 과학적 업적도 근사했다. 그러나 대학과 과학자, 심지어 곤충학자들도 파브르를 인정하지 않았다. 1866년 프랑스 학술원에서 수상하고, 교육부 장관에게 레종도뇌르 훈장을 받아도 상황은 달라지지 않았다. 제자도 두지 않는 수세적인 연구 방식과 꼼꼼한 현장연구로 기존의 주장을 종종 뒤집은 탓에 곤충학자들의 반감도 한몫했지만, 파브르의 연구는 엄밀한 의미에서 과학이라기보다 박물학에 가까웠다. 곤충의 관찰기록과 본인의 사생활을 엮어낸 『곤충기』는 원제인 '곤충학적 회고록'에 더 부합했다. 중요한 생물학적 발견이 야외관찰보다 실내실험을 통해서 더 많이 이루어지던 당대의 연구풍토도 불리하게 작용했으며, 무엇보다 진화론에 반대한 자연주의적 관점이 그를 고독하게 만들었다.

삶의 자잘한 문제들을 해결하는 땅벌의 독창적인 능력은 다윈의 주장과 달리 진화와는 아무 상관없다는 것이 그의 생각이었다. 주류 과학자들이 내놓은 진화론에 반대하면서 파브르의 교과서는 교실에서 추방되었다. 또다시 가난에 처한 파브르는 "당신들은 동물을 해체하지만 나는 산 채로 연구한다. 당신들은 동물을 공포와 연민의 대상으로 바꾸지만 나는 사랑받는 대상으로 만든다. (…) 당신들은 화학실험을 통해 세포의 원형질을 연구하지만 나는 가장 고귀한 존재의 본능을 연구한다"고 항변했다.

과학자들과 달리 문학가들은 파브르에 열광했다. 『곤충기』에서 비극적인 사랑, 영웅적인 투쟁, 다양한 삶의 거친 아름다움을 읽어낸 빅토르 위고는 '곤충계의 호메로스'로 파브르를 추앙했다. 시인 프레데리크 미스트랄은 1911년 노벨문학상 수상자로 파브르를 추대하는 운동을 벌였다. 그러나 오늘날 서구사회에서 파브르는 창조론자조차 언급하지 않을 정도로 빛바랜 존재다. 다만 일본에서의 영향력은 아직 건재하다. 박물관과 과학관은 물론 학교에서도 빈번하게 그의 이름이 언급되고, 대중문화에 녹아들면서 아이들에게도 친근한 대상이 되었다.

파리와 구더기로부터 받아낸 자백

일본 만화『곤충 감식관 파브르』는 꾀돌이 소년 탐정이 된 파브르가 곤충을 통해 범죄를 해결한다는 내용이다. 검정파리, 쉬파리 등 유충단계에서 사체를 먹이로 하는 '사체포식자necrophages'의 종류와 발생 시기를 분석해 사망시간을 유추하고, 벌레를 단서로 범죄발생 지역을 특정해 수사에 도움을 주는 식이다. "구더기야말로 이 세상의 진정한 강자"라고 치켜세우며 경외감 속에서 파리를 연구했던 파브르의 캐릭터를 제법 적확하게 반영한 셈이다.

법곤충학은 곤충과 관련된 정보를 사람과 야생동물 등과 관련된 사건을 해결하는 데 이용하는 법과학의 한 분야다. 법정이나 보험 등에서 곤충과 관련된 판단을 도와주고 그 보상을 다루는 배상곤충학, 사람이 만든 환경이나 제도, 물체에 곤충이 미치는 영향을 다루는 도시곤충학, 과학수사와 관련된 법의곤충학 등으로 분류된다.『곤충 감식관 파브르』의 주인공이나 미국 드라마 〈CSI: 라스베가스〉 시리즈의 길 그리섬 반장은 마지막 분야에 속한다.

법곤충학에 관한 최초의 기록은 1235년 중국 송자의『세원집록』에서 찾을 수 있다. 시골마을에 살인사건이 발생한다. 현령은 사체에 난 상처가 낫에 의한 것이라고 판단하고 마을 주민들에게 낫을 갖고 모이도록 명령했다. 한여름 뜨거운 날씨 속에서 파리들은 혈흔과 피부조직이 남아 있는 낫에 모여들었다. 결국 낫 주인은 범죄를 자백했다.

서구에서는 13~19세기 생물학이 발전하면서 법곤충학이 과학의 한 분야로 자리잡았다. 이 시기 법곤충학사에 주목할 만한 발견은 두 가지다. 먼저 레디Redi는 각기 다른 동물사체를 이용한 실험을 통해 구더기가 자연히 발생하는 것이 아니라 파리가 산란한 알에서 나온다는 것을 증명했다. 이에 더해 린네Linnaeus는 분류체계를 발전시켰다. 검정파리에 종명을 부여하면서 곤충에 학명을 붙이는 방식이 일반화되었고, 덕분에 곤충의 일생에서 각 발생단계별 기간을 계산하고, 이를 토대로 사망 후 시간에 관한 기준을 만들 수 있었다. 성취는 곧장 현장에 적용되었다. 1850년 프랑스 파리 교외의 주택을 리모델링하던 중 벽난로 위 굴뚝 안에서 갓난아기 시신이 발견되었다. 당시 세 들어 살던 젊은 부부가 용의선상에 올랐다. 그러나 부검한 사체에서 쉬파리류의 유충과 몇 마리 나방이 나왔고, 부검의는 이를 토대로 아기가 1848년에 숨졌으며, 나방은 이듬해 아기 몸에 침입했다고 결론내렸다. 사후경과시간 추정결과를 바탕으로 1848년 이전 세입자들이 고소되면서 부부는 혐의를 벗었다.

  범죄수사의 한 축으로서 법곤충학은, 이후 메그닌Megnin이 사망한 시신의 부패정도에 따라 각각 다른 곤충이 모이는 '천이遷移 현상'을 시신부패 8단계와 연결하면서 보다 정교해졌다. 이때 메그닌은 온도와 환경조건 등 다양한 외부요인을 변수로 반영하여 정확도를 높였다. 1935년 스코틀랜드에서 70여 조각으로 잘려 강과 숲속에 버려진 여성의 시체가 발견되었다. 경찰은 수습한 사체에서 나온 한 무더기의 구더기들을 연구소로 보냈고, 사체의 사망시간 추정과 몇 가지 다른 증거들을 더해 남편을 살인범으로 지목했다. 남편은 결국 살인죄로 기소되었다.

서구의 법곤충학이 범죄수사의 믿음직한 동반자가 된 데 반해, 한국은 2002년 대구 '개구리소년 사건' 수사 당시 부분적으로 사용되었을 뿐 아직 걸음마 단계다. 일부 검·경찰은 "곤충을 활용한 분석이 정밀해서 사망사건 등에 활용할 가치가 높다"는 입장이지만, 증거로서 가치를 인정받기에는 미비한 수준이라 공식적으로 활용되지는 못한다. 그래도 진전은 있다. 2009년부터 법곤충학을 연구한 전북경찰청 과학수사계 현철호, 김종원, 김복석 검시관은 그간의 자료를 묶어 2012년 『법곤충 감식 현장 매뉴얼』을 펴냈다.

+BOOK

파브르 평전
마르틴 아우어 저, 인성기 역, 청년사, 2003.

『곤충기』의 저자 파브르의 알려지지 않은 생애를 애정 어린 관점으로 기술한다. 인자한 아버지, 헌신적인 교육자 이면의 괴팍하고 성마른 노인네가 흥미롭다.

인섹토피디아
휴 래플스 저, 우진하 역, 21세기북스, 2011.

인류학자인 저자는 일견 하찮아 보이지만 실상은 복잡한 피조물인 곤충의 면면을 살피는 한편, 곤충을 인간 탐구의 매개로 삼는다. 거액의 판돈이 걸린 귀뚜라미 씨름, 진화론에 대항하고자 벌을 연구했던 파브르, 아프리카 대기근의 원인이자 고급요리 재료인 메뚜기 등을 과학, 역사, 문학, 철학, 종교를 통해 고찰하며 인간과 곤충의 관계를 새롭게 조명한다.

by the people 20

국민의 집

척박한 땅
혹독한 겨울

돌밭을 일구다 지치면
포기하고 떠나버린 나라

1946년 스웨덴
제2차 세계대전 직후 당선된
45세의 젊은 총리

그에게 주어진 무거운 숙제
'경제성장'

"물론 우리는 성장할 것이다.
그러나 다 함께 성장할 것이다."

싸워 이겨야만
삶을 지킬 수 있다고 믿었던
벼랑 끝의 사람들

끊이지 않는 파업

그들에게 내민 총리의 초대장

"난 목요일이 좀 한가한데,
일단 만나서 얘기합시다."

기업대표 노조대표
조금씩 이어지는 어색한 대화

기업가가 몰랐던 노동자의 사정
노동자가 몰랐던 기업가의 고충

"난 목요일이 좀 한가한데,
아예 매주 저녁을 같이 먹읍시다."

목요일 밤마다 이어진 저녁모임
목요클럽 Thursday Club

하루
이틀
1년
…
23년

23년간 멈추지 않았던 대화

혹독한 겨울에 이은 소중한 여름
여름휴가 별장으로
'사람'들을 초대한 총리
'학자 언론인 법률가 환경운동가 은행가 상인 농부'

"나는 돈보다 사람을 믿는다."

"모든 아이는 모두의 아이"
아동수당연금

"환자에서 시민으로"
전국민 무상의료보험

"언제라도 다시 시작할 수 있는 배움"
초등학교에서 대학원 박사과정까지 무상교육

"삶의 가장 중요한 부분은 집"
주택수당법

육아, 의료, 교육, 주거

"그런 문제가 사람들의 발목을 잡지 않아야
한 개인이, 한 나라가, 최대한 성장할 수 있다."

목요일마다 한걸음씩 나아간
'노사정 합의'

이해관계가 다른 사람들을
끊임없이 한자리에 불러모았던
'소통 민주주의'

합의에 이르는 모든 과정을 국민에게 공개하고
국민 모두를 상대로 수십 년간 설득한 세금정책

"세금을 늘리는 게 아니다.
모든 국민의
소득을 늘리는 것이다."

마침내
기회를 얻은 사람들이
다 함께 발휘한 놀라운 힘

"국가는
모든 국민들을 위한 좋은 집이 되어야 한다.
그 집에서는
누구든 특권의식을 느끼지 않으며
누구도 소외되지 않는다."

23년간 재임한 총리가 완성한
복지이념
'국민의 집 Folkhemmet'

1969년
23년간 11번의 선거에서 승리한 최장수 총리는
만류하는 국민들을 뒤로하고
스스로 정치은퇴를 선언했다

그러나 그에게는
여생을 보낼 자기 집 한 채가 없었다

'스웨덴 국민의 아버지'
타게 에를란데르 1901-1985

슈퍼맨의 비애

가슴병

남겨진 사람들

무연사회

사람이 되고저

Game Not Over

그 나라의 교과서

동물의 눈을 가진 여자

지구가 두꺼운 책이라면

이상한 창문

FOR
THE
PEOPLE

for the people 21
슈퍼맨의 비애

"새벽에 출근해서 밤늦게 퇴근하고
그랬던 시절이 있었죠."

출근 17시간 만의 휴식
눈 좀 붙이려고
신문지로 가린 형광등

"100만 원이라도 일정한 수입이 생기니까…
사실 경비의 '경'자도 몰랐어요."

"고학력, 저학력, 사연들이 천차만별이에요.
사회에서 밀려나고 갈 데 없어서
아파트 경비원 하는 분들이 많죠."

아파트 경비원
대다수 60대 이상 남성

본래 업무인 감시, 단속 외에
분리수거
주차관리
택배관리
환경미화
…

"눈이 오면 밤새 치워야 하죠.
아이들 넘어지면 경비원 탓이 되니까…
아파트 경비원이 슈퍼맨이라니까요."

화장실 변기가 고장났다고
형광등 나갔다고
TV가 안 나온다고
수시로 울리는 인터폰

"한국의 아파트 경비원은
낮은 임금에 고용된 하인에 가깝다."
— 데니스 P. 렛(미국 인류학자)

24시간 중
점심·저녁식사 2시간
야간휴식 4시간
무급휴식

월급 120만 원 안팎
시간당 임금 4,122원
(2012년 최저임금 4,580원)

"주민들도 경비원 사정을 알고는 있지만
무관심하거나 신경 쓰려 하지 않아요."

"불만이 제기되면
반성문, 시말서를 써야 합니다."

2010년 10월

주민의 폭언과 폭력을 견디지 못한
한 경비원의 자살
그가 남긴 유서 두 장

주민 여러분에게

"내 잘못이 있다면 나를 용서하시고
경비가 언어폭력과 폭행을
당하지 않게 해주세요."

그리고 아들, 딸에게

"세상을 살다보면 좋은 일 나쁜 일이 많다.
아빠가 아무것도 하지 못하고 떠난다.
엄마 잘 모시고 잘 살기 바란다."

'아파트 경비원'

늙은 아버지의
생애生涯 마지막 노동

for the people 22

가슴병

뼈 빠지게 농사지어 연간 1만 위안 벌래?
아니면 한국 가서 월 4,000위안 벌래?

자식의 공부
가족이 함께 살 보금자리
평범한 꿈을 품은
평범한 부모들

그들이 찾아온 기회의 땅
할아버지의 나라

식당, 공장, 병원
건설현장
새벽 인력시장

고단한 노동이 필요한
대한민국 곳곳에서
하루를 열고
하루를 마감하는
재중동포
'조선족'

중국 55개 소수민족 중
가장 먼저 대학을 세운 사람들
70%가 항일 독립운동가의 후손
한 세기 동안 지켜온 민족의 자긍심

그러나
중국의 시장개방 경제가 가져온
'가난'
그 앞에 무너진 공동체
그리고 오롯이 남겨진 아이들

"네 살 무렵에 떠난 엄마를 4학년 때 봐설랑
별로 감동은 안 생겼슴니다.
정말 우리 엄마가 맞는가.
처음엔 이 생각뿐이었슴니다."

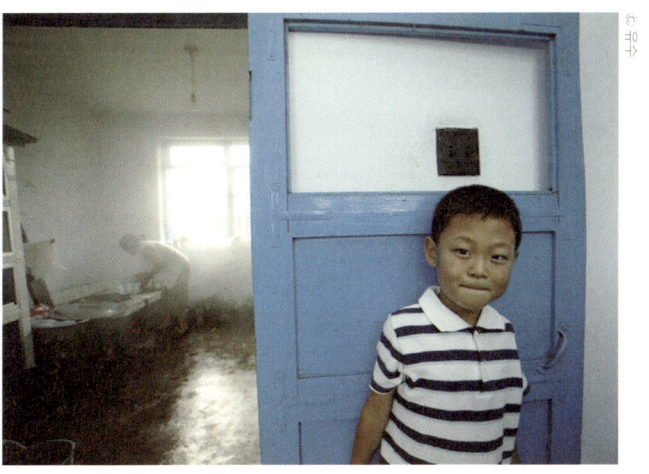

기본 3, 4년 길게는 10년 이상
사진에서만 본 아빠 얼굴
가물거리는 엄마 목소리

전체 200만 명 조선족 중 47만 명 한국 취업
학급 10명당 평균 7명이 결손가정인 현실

"그나마 맡아준 고모, 이모, 삼촌까지
모두 떠나면 의탁할 곳은 학교가 유일하다.
새 학기가 와도 흥이 나지 않는다."

"나는 일요일이 되면 슬프다.
나쁜 돈 때문에 슬프고
그 돈을 벌려고 우리를 뿌려 던진
부모들이 미워서 슬프다."
― 훈춘시 제1실험소학교 4학년 김 모양

"아이들과 마주하면
몇 차례 한숨을 내쉬고 그 다음
말과 눈물이 동시에 터집니다.
이걸 우리는 '가슴병'이라고 하는데,
대부분 아이들이 지금 이 병을 앓고 있습니다."
― 섬서성 조선족 학교 교원

"한국에 나가 일하는 어른들이 고생이라면
이곳에 남은 자녀들은 고통이지요."
― 길림성 조선족 학교 관계자

ⓒ유수

for the people 22+
눈물과 분노와 저항의 땅

구한말 일본, 러시아, 미국 등 외세의 침략이 계속되면서 조선의 정세가 어지러워지자 살 길을 찾아 떠나는 유민流民의 수는 점차 증가했다. 땅을 버리고 고향을 등지는 사람들 가운데 일부는 국경을 넘어 중국 동북 지방(만주)과 러시아, 시베리아 등지로 나아갔다. 수량이 적을 때의 두만강은 걸어서 건널 수 있을 만큼 얕았고, 그나마도 겨울철에는 얼어붙는 경우가 많았던 탓이다. 만주로 향하는 국경경비도 상대적으로 허술했고, 특히 강 건너에는 농사짓기에 적합한 토질의 땅과, 경작에 충분한 온도와 습도를 유지할 수 있는 평원과 계곡이 위치한다는 점이 매력적이었다.

일제강점기에 접어들면서 토지조사로 땅을 빼앗긴 농민, 가혹한 수탈을 견디지 못한 양민과 조국 광복과 국권회복을 꾀한 독립운동가들이 국경을 넘어 중국으로 향했다. 이후 만주는 근대 동북아시아의 갈등과 투쟁의 중심지로 부상했다. 농민들은 한족漢族의 텃세와 나라 없는 설움을 감내하면서 만주에 뿌리내렸다. 독립군은 이곳을 근거지로 삼아 항일 무장투쟁을 벌였다. 만주사변으로 대동아공영의 야심을 드러낸 일본이 중일전쟁을 일으키며 제국주의를 확산하자, 만주의 조선인들은 한편으로는 항일독립운동을 지원하고,

다른 한편으로는 일제의 만주국 건설에 앞장서는 이중의 역할을 수행했다. 안수길의 소설 『북간도』는 조선 말 간도로 이주한 이한복 일가 4대를 따라가며 19세기 말~20세기 중반 중국 조선인들이 겪어야 했던 격동의 삶을 대변한다.

1945년 해방 후 200만 명에 달하는 만주의 조선인들 가운데 80만 명이 귀국길에 올랐다. 나머지는 생계의 기반이 있는 만주 땅에 눌러앉아 오늘날 중국 조선족 1세대가 되었다. 중국 조선족은 중국 공산당으로부터 항일과 국공내전에서의 공을 인정받아 1952년 연변조선족자치주를 세웠다. 중국 내 56개 민족 중 하나로 고유의 언어와 풍습을 갖고 있던 조선족은 사회주의를 내면화하며 중화인민공화국 인민으로 자리잡았다.

코리안 드림의 짙은 그늘

제2차 세계대전 이후 한국은 미국, 소련, 중국, 일본의 이해관계가 엇갈리는 장소로 존재했다. 한국은 이데올로기와 안보 차원에서 미국과 긴밀한 관계를 유지했고, 같은 지점에서 미국과 적대관계에 놓여 있던 중국은 한국을 적으로 간주했다. 한국과 중국의 교류는 단절되었다.

1978년 덩샤오핑은 중국 인민들에게 '각자도생各自圖生'을 선언했다. 정치적으로는 공산주의를 견지하나 사회·경제적으로는 자유주의와 자본주의를 수용하겠다는 이른바 '정경분리政經分離 원칙'에 따라 인민들 각자 제 살 길을 마련하라는 뜻이다. 낙후된 농촌지역에서 농사에 전념하던 조선족들은 '살 길을 찾아' 중국 대도시로 이동했고, 1992년 8월 24일 한중수교로 한국의 취업문호가 개방되면서 한국으로 발길을 돌리기 시작했다. '코리안 드림'의 시작이다.

조선족들은 국내 3D산업의 인력난 해소를 위해 1993년에 도입된 산업연수생제도와 2007년 방문취업제를 통해 대거 한국으로 입국했다. 일부 여성은 브로커를 경유한 위장결혼을 선택하기도 했다. 비자 갱신을 하지 못해 불법체류자로 전락할 위험 없이 비교적 안정적으로 일할 수 있기 때문이다. 영화 〈파이란〉은 삼류건달과 위장결혼한 조선족 여성을 주인공삼아 전문화된 한국의 불법결혼알선시스템과 조선족 여성들의 위태로운 노동환경 및 인권을 전경화한다.

한국에 취업한 조선족들은 힘들게 번 돈을 고향으로 송금해 중국 경제발전에 기여했다. 조선족인터넷매체 조글로미디어에 따르면, 최근 해외 노무자들이 연변조선족자치주로 보내는 돈은 10억 달러로, 자치주 재정 총수입의 2.5배에 달한다. 그러나 주로 청년층이 구직이나 결혼을 목적으로 떠나는 만큼 조선족사회는 공동체 붕괴, 가족해체, 농촌공동화 현상, 조선족 학교급감, 청소년의 정체성상실 등 심각한 부작용을 겪고 있다. 일례로, 2000년 인구조사에서 연변주 조선족은 83만 명으로, 연변 전체 인구의 37%에 불과하다. 소수민족 비율이 30%를 밑돌면 자치주 지정이 해제될 수도 있다.

인구감소의 주요인은 젊은 조선족 여성들의 거대한 '공동체 엑소더스' 현상, 그로 인한 출산율의 급격한 저하다. 한중수교 이래 5만 명 이상의 가임여성이 한국으로 이주하거나 전통적 거주지였던 동북3성을 벗어났다. 방문취업제가 외국인노동자의 가족동반을 불허하는 상황에서 부모가 한국행을 택한 가정의 이혼율은 25%에 육박한다. '한 자녀 갖기 풍조'가 만연하여 신생아수는 10년 전에 비해 4분의 1로 줄었다. 연변 조선족의 둘째자녀 출생수는 연 900명을 밑돈다.

아이가 없으니 민족학교가 문을 닫고, 민족학교가 없으니 아이를 한족학교에 보내는 악순환 속에서 역사와 언어에 대한 교육도 부실해지고 있다. 2009년 길림성 조선족 언어사용 실태조사를 보면, 초등학생 62.5%, 중고등학생 48%가 한글을 전혀 모른다. 여기에 중국에서 살려면 중국말을 잘해야 한다는 현실론이 조선족사회 학부모들 사이에 큰 호응을 얻으면서 민족학교와 한글의 입지는 더욱 좁아질 전망이다.

김봉섭 재외동포재단 조사연구팀장은 조선족들이 생활터전에서도 돈벌이를 할 수 있도록 산업 인프라를 확충하고, 한국 기업이 동북3성으로 거점을 옮기는 것을 적극 검토하자고 제안한다. 특히 청소년을 위해 언어와 학교교육을 지원하고, 해외체류중인 조선족들이 한인사회에 뿌리내릴 수 있는 정책을 계발해야 한다고 지적했다. 그러나 인하대학 정치외교학과 이진영 교수의 말마따나 조선족 대다수가 자신을 '중국인'으로 인식하고 있고, 민족의식을 고취하려는 시도도 잘 먹히지 않는다는 점에서 이러한 전략은 한계를 보인다. 조선족교회 담임목사 서경석은 "이스라엘에서는 피가 4분의 1만 섞여도 자국인으로 간주하는데 우리는 부모 중 한 명이라도 국적자가 아니면 법적으로 이방인"이라면서 "한족 며느리나 사위에게도 법적·제도적 혜택을 줘 이들을 우리 사람으로 만들어야 한다"고 말한다. 이밖에도 각계각층에서 다양한 정치적·문화적 해법들을 제시하고 있지만 전 지구적 자본주의의 상황과 여성과 아이가 없는 현실에서 그저 공허하게 들릴 뿐이다.

실체 없는 불안, 근거 없는 공포

'외국인 혐오'를 뜻하는 제노포비아xenophobia는 낯선 것 혹은 이방인이라는 의미의 '제노xeno'와 싫어한다는 뜻의 '포비아phobia'를 합성한 말이다. 이것은 자신과 다르다는 이유만으로 상대를 무조건 경계하는 심리상태로, 민족주의를 이면으로 삼는다. 한국인의 조선족 혐오, 프랑스의 아랍계 혐오가 대표적인 사례다.

세계화가 언어와 인종 간의 장벽을 허물면서 전통이나 민족처럼 정체성을 표식하고자 하는 행위가 더이상 지속되지 않으리라는 전망을 완전히 배반하는 이 같은 현실에 대해 슬로베니아 철학자 슬라보예 지젝의 설명은 명쾌하다. "오늘날처럼 자본이 기존의 모든 고정된 가치를 뒤흔들어놓으며 보편성을 획득하는 시대에 민족은 바로 그것의 대립물이자 필요조건으로 존재한다. 자본의 원리가 보편화될수록 그것의 대립물은 '비합리주의적 원리주의'의 특질을 띤다." 일본 동아시아연구학자 다카하라 모토아키는 민족주의를 보다 세분하여 제노포비아와의 관계를 이해한다. "각 국가 내에서 사회유동화, 위험사회화, 양극화가 진행되는 가운데 고용과 노동도 시장경제 속에 놓이고 이런 배경을 바탕으로 고도성장형 민족주의와 또다른 형태의 민족주의, 즉 세대와 계급 간 차이를 반영한 개별불

안형 민족주의가 발현된다. 이민노동자 및 고용 관련 문제에서의 민족주의가 바로 그것이다. 견고한 조직이나 안정성에서 내몰려 불안을 느끼게 된 사람들이 그 불안의 중대한 요인인 이민자들, 즉 밖에서부터 자신들의 일자리를 잠식해 들어오는 사람들에 대해 반발감을 높인다." 요컨대, 조선족과 일자리 경쟁을 해야 하는 하층계급이 민족주의를 빌려 제노포비아를 확산한다는 뜻이다. 전 지구적 자본주의시스템 하에서 약자로 내몰린 사람들이 불안을 표출하는 방식으로서 말이다.

2011년 3월 한국노동연구원 보고서에 따르면, 제조업 생산·기능직의 경우 조선족 근로자가 1% 증가할 때 내국인의 실업전환확률(취업자가 일자리를 잃을 확률)은 0.003%에 불과하다. 삼성경제연구소 최홍 수석연구원은 "조선족 근로자들이 다른 외국인 근로자보다 국내 고용시장을 잠식할 가능성은 높지만 그렇다고 조선족이 점유하던 일자리를 내국인으로 대체할 수 있다고 보기도 어렵다. 조선족에 대해 단순히 노동시장 잠식문제로 접근할 것이 아니라 동포의 법적지위에 대해 명쾌하게 정리하는 작업이 선결돼야 한다"고 말했다.

장거리 사랑
울리히 벡·엘리자베스 벡-게른하임 저, 이재원·홍찬숙 역, 새물결, 2012.

전 지구적 자본주의가 가족, 공동체, 사랑 등 전통적인 가치를 해체하는 과정을 들여다보며 현대사회가 처한 위험을 진단한다. 자본을 좇아 이동하는 노동력, 그 결과로 발생하는 제3세계의 거대한 엑소더스 현상, 그것이 양 세계의 가족과 사회에 초래하는 무시무시한 결과에 대해 밀도있게 서술한다.

for the people 23

남겨진 사람들

도돌이표처럼 되풀이되는 질문
"왜… 그랬을까?"

하루 43명
34분마다 1명이 자살을 선택한다
— 통계청(2010)

1명의 자살이
가족 5~10명에게 미치는
치명적 영향

그 중
자살 고위험군
'부모'

"아이가 15층까지 올라가면서
친구들이랑 엄마에게 문자를 보냈어요.
고마웠다고, 사랑한다고.
계단을 한 개씩 올라가면서
도와달라는 신호를 보낸 건데
저는 잠만 자고 있었어요."

"사고는 일단 원망의 대상이 있잖아요.
그런데 자살은 부모인 내 책임 같아요.
내 잘못으로 자식 그렇게 묻고 나면
침대에서 편히 못 자요.
일부러 소파 같은 데서 불편하게 자요."

자살유가족의 병원이용률
평균 4배 이상 급증

"암 선고가 내려지면
더 편안해질 것 같아요.
차라리 잘됐다 싶을 것 같고,
산다는 것 자체가 고통인지 몰랐어요."

연간 10만여 명의
자살유가족이
자살을 선택할 확률은
일반인의 6~7배에 이른다
— 『세계보건기구(WHO) 자살예방지침서』

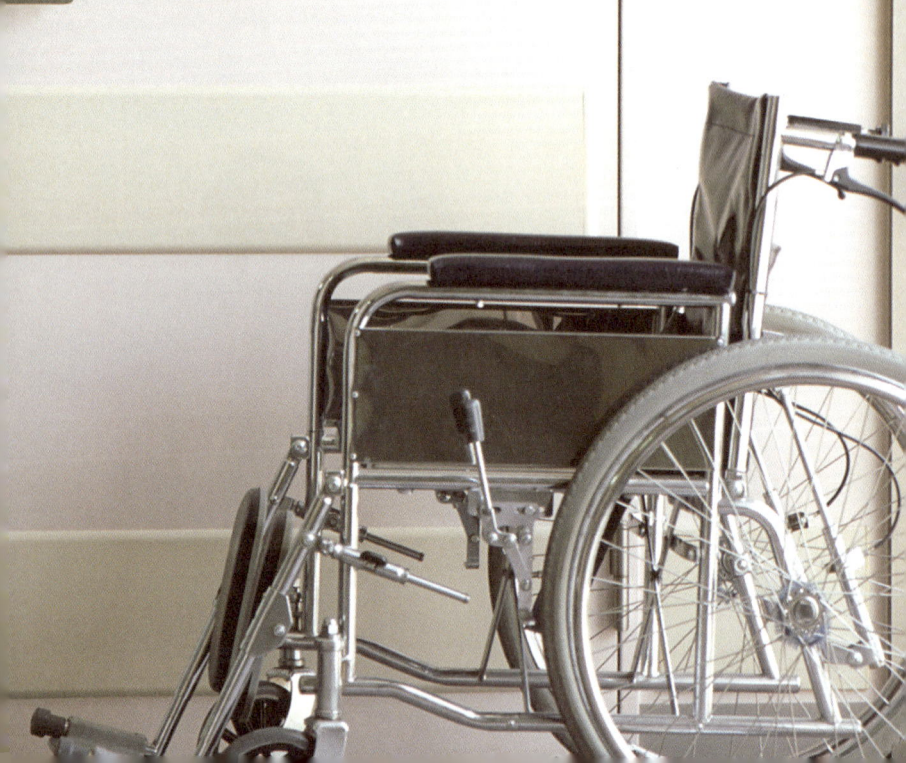

"남겨진 가족이 얼마나 아픈지 아니까
자살 가족은 자살할 수 없어요.
그래도 아침에 나갈 때마다
집을 정리해놓고 나가요.
다시 이 자리로 돌아올 수 있을까
그런 생각을 하면서요."

for the people **23**⁺
젊은 베르테르 유가족의 슬픔

자살생존자suicide survivor는 미국 자살예방협회가 발간한 『자살 유가족을 위한 핸드북』에서 자살자 유가족을 지칭한 것으로 사랑하는 사람을 자살로 잃었을 때 받는 정신적 충격이 강제수용소 경험과 맞먹는다고 판단하여 붙인 이름이다. 2011년 10월 SBS 〈그것이 알고 싶다〉는 자살생존자를 주제로 다룬 〈당신은 죄인이 아닙니다-자살 유가족의 눈물〉을 방영했다. 엄마의 자살을 목격한 다섯 살, 일곱 살 형제를 비추며 시작한 방송은 아르바이트를 하다 성폭력을 겪고 자살한 여성의 가정을 들여다본다. 딸의 죽음에 충격 받은 아버지는 뇌출혈로 사망했고, 언니에게 아르바이트를 소개한 동생은 죄책감에 시달리다 목숨을 끊었다. 졸지에 가족을 모두 잃고 혼자 남은 어머니는 날마다 자살만 생각하고 있다.

세계보건기구WHO에 따르면, 한 명이 자살할 때 평균 여섯 명이 심각한 충격을 받는다. 따라서 한 해 1만 5,000여 명이 스스로 목숨을 끊는 현재, 자살생존자는 약 10만 명에 달한다. 자살생존자들은 '자살 고위험군'으로 분류된다. 자살을 한 번 목격한 사람은 어려움에 처했을 때 선택항 중 하나로 '자살'을 두기 쉬운 탓이다. 2009년 '쌍용자동차 사태' 이후 해고노조원과 가족 23명이 연쇄자

SUICIDE SURVIVOR

살한 것은 비극적인 예다.

  사랑하는 이의 죽음을 감내해야 하는 슬픔에 더해 죽음을 방치했다는 주위의 따가운 시선, 자살을 막지 못했다는 죄책감과, 원망, 혐오감은 자살생존자들을 괴롭힌다. 그러나 같은 이유로 자살생존자들은 자신의 고통을 발화하지 못한다. 서울시 자살예방센터 박재영 사무관은 "유가족 스스로가 도움을 청하고 뭔가 요구하는 게 필요한데 사회적으로 자기목소리를 낼 수 있는 분위기가 아니라 악순환이 계속된다"고 말한다. 이에 전문가들은 자살생존자를 대상으로 전문상담과 유족 자조모임을 늘리고, 심리적 부검을 통해 자살을 예방하는 한편, 사회인식을 개선해야 한다고 입을 모은다. 심리적 부검은 유서, 주변 사람과의 인터뷰 등을 통해 자살사망자의 정보를 포괄적으로 수집하여 자살원인을 연구하는 방법으로, 1930년대 뉴욕경찰 93명이 연쇄자살한 것에 대해 전문가들이 원인을 규명하면서 시작되었다. 현재 미국, 영국, 스웨덴, 핀란드, 중국 등이 실시하고 있고, 한국에서도 2009년 부산경찰청이 도입했지만 고통스런 기억을 되새김질해야 하는 유족들의 저항이 만만치 않다.

"모든 자살은 사회적 타살이다"

자살에 대한 동서양의 인식 차는 크다. 태평양전쟁 당시 '천황을 위해' 적함에 돌진하던 일본의 가미카제 특공대, "노동자도 인간"이라고 외치며 산화한 한국의 전태일처럼, 동양에서 자살은 종종 대의명분을 위한 '숭고한 자기희생'으로 상찬되었다. 반면 서양은 씻을 수 없는 죄악이자 절대적 금기로 자살을 취급했다. 기독교 사상은 가룟 유다의 죄목 중 예수를 판 것보다 자살에 더 무게를 두었다. 독일의 저술가 게르트 미슐러가 언급했듯 "자살은 스스로 죽음을 선택할 수 있는 인간의 권리"건만 "국가와 민족에 충성하는 '국민 만들기'에 혈안이 된 국가는 이를 금기시했다." 언제라도 죽을 준비가 된 사람을 지배하기란 사실상 불가능한 탓이다.

정치적·사상적 압력 속에서 대부분 자살에 대해 부정적인 시각을 견지했으나 옹호세력이 전혀 없는 건 아니었다. 쇼펜하우어는, 어차피 개별적 의지는 파괴되었으니 죽음이라는 근원적 의지와 합일하는 것이 삶의 목적이라고 보았다. "자살이야말로 인간성의 궁극적 자유에 속한다"고 주장한 오스트리아 철학자 장 아메리는 자살로 생을 마감하며 지행합일의 완벽한 예를 보여주었다.

이 와중에 프랑스 사회학자 에밀 뒤르켐은 자살을 도덕의 영역에서 사회학의 영역으로 끌어냈다. 『자살론』에서 뒤르켐은 사회를 유지하는 통합과 규제 정도에 따라 자살을 이기적 자살, 이타적 자살, 아노미적 자살, 숙명적 자살로 나누었다. 통합 정도가 너무 작으면 이기적 자살률이, 너무 크면 이타적 자살률이 높아진다. 규제 정도가 너무 작으면 아노미적 자살률이, 너무 크면 숙명적 자살률이 치솟는다. 이기적 자살은 사회에 융화하지 못한 사람들이 저지른다. 냉담과 무관심이 죽음의 촉매가 된 유형이다. 이타적 자살은 사회에 지나치게 밀착한 결과다. 전태일이 이에 해당한다. 아노미적 자살은 서로 다른 가치규범이 뒤섞이는, 급변하는 사회에서 주로 일어난다. 오늘날 한국의 경우다. 숙명적 자살은 비참한 인생들les miserables의 마지막 선택이다. 뒤르켐은 모든 자살은 이 네 가지 유형 중 하나이거나 중첩된 형태이기에 "모든 자살은 사회적 타살"이라고 결론짓는다.

한편, 오랫동안 폭력문제를 연구해온 미국 정신의학자 제임스 길리건은 통계를 분석하다가 흥미로운 사실을 발견한다. 1900~2007년까지 미국 정부가 발표한 자료를 들여다보았더니 살인과 자살 등 '폭력치사lethal violence'는 늘 함께 증가하거나 감소했으며, 급증하는 시기와 급감하는 시기도 번갈아 나타났다. 폭력치사가 급증한 세 번은 모두 공화당 소속 대통령이 집권한 시기와 겹치며 급감하는 세 번은 모두 민주당 대통령 집권기다. 구체적으로는, 공화당 대통령 취임 직후부터 늘기 시작해 임기말 즈음 최고점에 달한다. 그러다 민주당 대통령이 취임하면 점차 줄어들어 임기말에 최저점을 찍는다.

이 같은 결과는 각 당의 정책에서 기인한다. 공화당이 추구하는 정책은 사람들을 강력한 수치심과 모욕감에 노출시킨다. 열등감과 패배감을 조장하고, 타인을 경멸하도록 부추기며, 불평등을 찬미한다. 이런 분위기 속에서 사람들은 사회·경제적 지위를 상실했을 때, 특히 해고를 당했을 때 극도의 수치와 모멸감을 느끼고, 수치와 모멸감이 팽배한 사회에서는 폭력치사 발생확률이 높아진다. 길리건은 폭력치사의 주요인으로 실업, 불황, 불평등을 꼽으면서 '왜 어떤 정치인은 다른 정치인보다 해로운가'를 일러준다.

통계청에 따르면 2010년 한국의 자살사망자 수는 1만 5,566명이다. 2006년 대비 50% 늘었다. 자살률은 인구 10만 명당 31.2명으로 OECD 평균자살률(11.3명)의 세 배다. 20대 사망원인의 44.9%가 자살이며 비율은 고령일수록 높아진다. 2009년 노인 자살사망자는 5,051명이고, 75세 이상은 OECD 국가의 약 8.3배다.

2,500명 중 23명, 있을 수 없는 자살률

쌍용차 해고노동자와 가족들을 위한 심리치유센터 '와락'은 2011년 10월 30일 경기도 평택시에 문을 열었다. 센터를 기획한 정신과 전문의 정혜신은 "한국은 OECD 국가 중 자살률 1위다. 그게 인구 10만 명당 30여 명의 비율이다. 쌍용차 해고자는 2,500명 중 23명이 죽었다. 있을 수 없는 자살률이다"라고 와락을 '열 수밖에 없었던' 경위를 설명한다.

쌍용차 해고자와 가족들의 높은 자살률은 외상후스트레스증후군PTSD의 여파다. PTSD는 전쟁, 테러, 고문 등 극단적인 폭력에 노출된 사람이 얻게 되는 심리적 내상으로, 공권력에 의한 폭력이 병인이라는 점에서 정치·사회적 질병이라고 할 수 있다. 쌍용차 해고자들이 PTSD에 시달린다는 것은, 경찰진압이 전쟁, 테러, 고문에 준했다는 것을 뜻한다.

PTSD의 핵심은 '죽음각인', 즉 죽음을 생생하게 경험하는 데에 있다. 살아서 죽음에 이르렀던 자로서 PTSD 환자들은 일상으로의 복귀가 불가능하다. PTSD의 자살률이 높은 이유다. 하여 와락의 최우선과제는 '일상의 복원'이고, 그 중심에는 '밥'이 있다. "엄마가 따뜻한 밥을 해주듯이 기본적인 보살핌을 받는다는 느낌을 받을 때에야" 비로소 치유가 시작된다는 것이 와락의 생각이다. 이를 기본으로 집단상담과 개인상담, 아이들의 놀이치료를 병행한다. 정혜신은 "PTSD가 너무 많이 생겨나고 있다. 쌍용차 해고자 상담을 몇 달째 하다 보니 치유가 필요하다는 연락이 전국에서 온다"면서 제주도 강정과 부산 유성에도 와락센터를 기획하고 있다고 밝혔다.

18대 대선이 끝나고 이틀 후인 2012년 12월 21일, 한진중공업 노동자 최강서, 현대중공업 노동자 이운남이 스스로 목숨을 끊었다. 22일에는 서울인권센터 청년활동가 최경남이, 25일에는 한국외대 노조지부장 이호일이 자살했다.

BOOK

에밀 뒤르켐의 자살론
에밀 뒤르켐 저, 황보종우 역, 청아출판사, 2008.

프랑스 사회학자 에밀 뒤르켐이 1897년 쓴 책으로, 도덕적 영역에 머물러 있던 자살에 대한 논의를 사회학적 영역으로 끌어냈다. 문제를 이해하고 분석하는 저자의 통찰이 백여 년이 지난 지금까지도 유효한 가운데, "모든 자살은 사회적 타살"이라는 명제가 가슴을 울린다.

왜 어떤 정치인은 다른 정치인보다 해로운가?
제임스 길리건 저, 이희재 역, 교양인, 2012.

정치와 살인·자살 등 사회적 폭력치사율의 관계를 명쾌하게 해명한다. 오랫동안 폭력 문제를 연구해온 심리학자로서 저자는 수많은 수치와 통계, 개인적 경험담을 가로질러 "개인에게 수치와 모멸감을 느끼도록 정책을 펴는 정당이 집권하면 폭력치사가 는다"는 결론에 도달한다. 쉽지 않은 내용이지만 솜씨 있게 풀어낸 덕에 술술 읽힌다.

for the people 24

무연사회

계속 흘러나오고 있던 텔레비전 소리
누구도 알아차리지 못했다

의뢰인: 아들

"관리인과 상담한 후 알아서 처분하세요.
대금은 송금하도록 하겠습니다."

폐기물로 처분할 물건과
남겨둘 것을 분별하던 중
벽장 구석에서 발견된
낡은 상자

소중하게 보관된
한 장의 사진
빛바랜 성적표와 문집들

"보내드릴까요?"

"필요 없습니다."

결국 폐기물로 처분된다

의뢰인: 형

"경찰에게 연락을 받았습니다.
이미 몇 주가 지난 뒤라고 합니다."

특수장치를 이용해
탈취작업을 시작하자
그곳에 남아 있던 흔적들이
완전히 사라졌다

"좀 더 자주 연락을 했더라면 좋았을 텐데…"

형제의 10년 만의 재회는 그렇게 끝이 났다.

의뢰인: 집주인

"신문이 쌓여 있어서 이상하다고는 생각했지만
텔레비전 소리가 방에서 들렸기 때문에
'아 괜찮구나' 하고 생각했는데…"

텔레비전은 켜 놓은 상태
토스터에는 굽던 식빵이 남아 있었다

'고독사 孤獨死'

2011년 일본에서 발생한 '고독사'
3만 2,000여 건
— NHK

일본의 전체 가구 중 3분의 1
홀로 사는 '1인 가구'
— 일본 후생노동성(2011)

무연無緣 사회
인연이 없는 사회, 관계가 없는 사회

한 의뢰인으로부터 걸려온
한 통의 전화

"유품 정리를 부탁하고 싶습니다."

"돌아가신 분과는 어떤 관계신가요?"

"그게… 제가 죽고 난 뒤 부탁합니다."

이 일이 처음 세상에 알려진 후
가장 많았던 문의는 '생전生前 예약'이었다

유품정리인

2000년대 초반 일본에서 새롭게 등장한 특수청소업 종사자로
유가족을 대신해 고인의 유품을 처분하는 일을 한다

for the people 24+
혼자 살다 혼자 죽는 사회

　무연無緣사회는 독신가정의 증가, 장기화된 경기침체, 대규모 청년실업, 저출산, 고령화 등으로 인해 인간관계가 약해지는 사회를 말한다. '무연고사회'라고도 하며 1990년대 일본에서 처음 등장해 인구에 회자되다가 2010년 NHK 방송을 통해 공식화되었다.

　무연사회를 요약하는 상징적인 현상으로서 고독사孤獨死는 2001년 일본의 유품정리전문업체 '키퍼스Keepers'의 설립자 요시다 다이치가 만든 조어다. 혼자 살다 혼자 죽음을 맞아 사후死後 일정시간이 지나서야 발견되는, 그야말로 '고독한 죽음'을 뜻한다. 유품 정리를 하며 느낀 여러 단상을 블로그에 연재하던 요시다 다이치는 이를 묶어 책으로 펴냈는데, 이 과정에서 고독사라는 개념을 처음 사용했다. 2011년 현재 일본 전체가구의 30% 이상이 1인 가구이고 해마다 약 3만 2,000명이 고독사한다. 이에 따라 장례문화도 바뀌고 있다. 포털사이트에는 시신을 발견한 장소에서 곧바로 화장터로 옮겨 화장하고 안치하는 '직장直葬' 광고가 성행하고, 본인의 직장을 부탁하는 '생전계약'도 늘었다. 가족묘 대신 공동묘를 찾는 사람도 많아지고 있다.

　얼마간의 시차를 두고 일본과 비슷한 경제·사회 발전단계를 밟

無緣社會

고 있는 한국도 2000년대 접어들면서 무연사회 징후를 보인다. 통계청에 따르면 2000년 55만 명이던 독거노인은 2010년 102만 명으로 급증했다. 서울의 1인 가구는 최근 30년 동안 10배 이상 증가하여 2010년 현재 전체가구의 24.4%를 차지한다. 1~2인 가구의 약 70%가 60대 이상이며, 65세 이상 노인 다섯 명 가운데 세 명이 자녀와 따로 산다. 50세가 다 되도록 결혼하지 않은 서울의 미/비혼 인구는 최근 40년간 일곱 배로 늘어나 150만 명에 육박한다. 무연고 사망자도 증가추세다. 서울시가 '처리한' 무연고 사망자는 2009년 206명에서 2011년 301명으로 50%가량 늘었다.

빈곤, 가족해체, 고독으로 이은 뫼비우스 띠

독거노인을 자동소환하는 통념과 달리, 1인 가구와 고독사는 세대를 초월하는 보편적 현상이다. 유동하는 자본, 이를 따라 떠도는 노동자, 비정규직 같은 불안정한 노동의 만연, 열악한 임금, 줄어드는 일자리 등의 경제적 여건이 1인 가구를 생산하는 동력이라면, 고독사는 이로 인한 관계단절 등 공동체의 붕괴와 사회안전망의 부재,

독립적인 생활을 요구하는 도시환경과 연관된다. 이화여대 사회복지학과 정순둘 교수도 "1인 가구가 증가하고 사회관계망이 해체되면서 고독사가 비단 특정 연령층의 문제로 머물지 않는다"고 말한다.

2012년 1월, 경기도 수원의 한 고시원 침대에서 서른두 살 이아무개씨가 엎드려 숨진 채 발견되었다. 강원도가 고향인 이씨는 부모의 이혼으로 온 가족이 뿔뿔이 흩어져 살았다. 사망하기 전 마지막 3년은 수원에 정착해 여러 일자리를 전전했다. 가족이 해체되어 1인 가구가 양산되고, 연고 없이 떠돌던 개인이 경제난 속에서 고독사한 경우다.

치솟는 물가, 등록금, 집값과 고용불안정 등으로 인해 연애와 결혼, 출산 등 '세 가지를 포기한 세대'라는 뜻의 '삼포세대'는 현재 20~30대 젊은이들의 세태를 골계적으로 표현한다. 경제적인 이유로 부득불 독신을 '선택한' 청년들은 1인 가구를 구성하고, 이는 전통적인 가족의 해체로 이어진다. 2012년 통계청 발표에 따르면 20~40대 실업자는 57만 명으로 전체 실업자의 72%에 달한다. 우여곡절 끝에 결혼은 했지만 양육비, 주거비, 노후대책 등의 이유로 가난을 면치 못하는 사람들을 자조적으로 일컫는 '허니문 푸어' '하우스 푸어' '베이비 푸어'도 가족해체와 1인 가구의 위험을 내포한다.

2012년 1분기 1인 가구의 월평균 소득은 146만 원으로 지난해 같은 기간(152만 원)에 비해 4% 줄었다. 2인 가구 이상의 가계소득이 꾸준히 증가하는 상황에서 1인 가구만 유독 줄어든 것이다. 내용을 들여다보면 상황은 더욱 심각하다. 2010년 현대경제연구원 보고서에 따르면 1인 가구의 소득은 100만 원 이하가 53.99%로 가장 높다. 직군별로는 '무직 및 분류불능'이 49.3%로 가장 높은 비율을 차지했고 뒤이어 '단순노무 종사자'가 14.9%를 기록했다. 불안정한 노동은 빈곤을, 빈곤은 해체를, 해체는 고독을, 고독은 다시 가난을 낳는다. 고독사는 결국 가난의 문제이다.

'고독한 빈곤'은 나이가 많을수록, 남성보다는 여성에게서 더욱 첨예해진다. 2009년 현재 노인 1인 가구의 연평균 소득은 820만 원, 한 달에 약 68만 3,000원이지만 여성 노인은 연평균 736만 원으로 남성 1인 가구 1,288만 원의 57% 수준에 머문다. 노인 1인 가구의 상대빈곤율(중위소득 대비 50% 이하 비율)은 76.6%로 OECD 회원국 가운데 1위다.

'잉여'에서 벗어나는 두세 가지 방법

죽음이 일상에서 분리되기 시작한 것은 '위생관념'이 보편화한 근대 이후였다. 인류는 문명화과정에서 '활기찬 삶'의 대척점에 있던 '부패하고 냄새나는 죽음'을 위생학적으로 격리하고 제거했다. 그리하여 "오늘날 죽음은 역사상 그 어느 때보다도 사회생활의 배후로 밀려나 악취 없이 신속하게, 죽음의 병상에서 무덤으로 너무도 완벽하게 기술적으로 처리되기에 이르렀다." 죽음의 고독이다. 이때 개인과 사회로부터 배제된 것은 죽음이지 개인이 아니다. '보통의 죽음'과 고독사는 '배제된 자'의 죽음이라는 점에서 갈린다.

콜렉티브 하우스Collective House는 고독감을 극복하고 가족만으로 감당하기 힘든 자녀양육과 간병 등 불안에 대처하기 위해 등장한 공동주택이다. 비혈연관계의 개인이 모여 '또 하나의 가족'을 구성하는 아이디어로, 20세기초 스웨덴, 덴마크, 네덜란드 등 북유럽에서 처음 시작되었다. 일본에서는 1985년 일본여자대학 고야베이

쿠코 교수를 중심으로 언론인, 사회학자, 요리연구가 등 다양한 여성 전문가들이 모여 '대안주택프로젝트연구회'를 만들고 도시형 콜렉티브 하우징 운동을 전개했다. 가족해체와 고령화 문제를 사회적 연대로 해결하겠다는 의지다. 최근 일본 젊은이들에게 각광받고 있는 '셰어 하우스share house'는 대표적인 콜렉티브 하우스다.

2008년 시작한 서울 은평구 '노인의 집'도 비슷한 관점을 공유한다. 혈연관계가 아닌 독거노인들을 '유사가족'으로 묶어서 생활비와 관리비를 줄이고, 상호부조를 활성화해 빈곤을 억제한다는 취지다. 은평구 외에도 전북 김제시, 충남 논산시 등에서도 비슷한 활동을 벌이고 있다. 같은 목적에서 2012년 서울시는 마을공동체를 복원하기로 결정했다. 725억 원을 들여 종합지원센터를 설치하여 마을공동체 돌보기를 지원하고, 마을기업 육성, 마을 예술창작소 조성 등을 추진할 예정이다.

일련의 시도들이 '공동체 회복'을 통해 배제된 자들을 끌어안으려 한다면 스탠퍼드대학 인류학과 교수 제임스 퍼거슨은 '빈곤해결'에 초점을 맞춘다. 퍼거슨은 "불안정한 노동이 확산되고 가족이 해체하는 오늘날, '경제적 고아'들을 어떻게 끌어안을지 고민해야 한다"면서 '기본소득'을 제안한다. 여기에는 4인 가족을 기반으로 삼는 전통적인 국민국가와 노동개념이 더이상 유효하지 않다는 판단이 전제되어 있다.

기본소득은 정부가 어떠한 수급자격이나 요구조건 없이 정기적으로 '생계를 보장할 정도로 충분한' 돈을 개인에게 지급하는 것으로, 서구 복지국가의 기틀인 가족과 임금노동에 얽매이지 않은 새로운 사회부조 시스템이다. 현재 브라질 등지에서 시행되고 있는데 의도와 효과에 대해서는 논란이 많다. 특히 '착취구조 자체는 손대지 않는 미봉책'이라거나 '신자유주의의 부작용을 완화하는 구실에 지나지 않는다'는 비판이 높다. 이에 대해 퍼거슨 교수는 "무엇이 옳고 그르냐를 따지기보다 사회의 다수가 노동자가 아닌 '잉여'가 되어가고 있는 현실 속에서 새로운 가능성을 찾아내는 일이 더 시급하다"고 대답한다.

2012년 6월 11일 서아무개씨(60·무직)가 서울의 한 임대아파트에서 숨진 채 발견되었다. 고립된 삶을 살던 서씨에게 마지막 순간까지 연락을 취한 곳은 ○○신용정보, △△크레딧 같은 채권추심 기관이었다.

벼랑에 선 사람들
제정임·단비뉴스 취재팀 저, 오월의봄, 2012.

비영리 온라인신문 단비뉴스가 2010년부터 약 1년 동안 연재한 특집기사 '가난한 한국인의 5대 불안'을 엮었다. 경제적 곤란으로 사회에서 배제된 자들이 생계, 주거, 보육, 의료, 금융 등 다섯 가지 요인으로 고통받는 현실을 치열한 르포를 통해 생생하게 재현한다. 문제제기에만 머무르지 않고 각 장마다 대안을 제시한 부분이 돋보인다.

무연사회
NHK 무연사회 프로젝트팀 저, 김범수 역, 용오름, 2012.

2010년 일본 최고권위의 문화상 기쿠치칸菊池寬상을 수상한 NHK 특집방송 〈무연사회: 무연사 3만 2,000명의 충격〉을 책으로 묶었다. '인간은 사회적 동물'이라는 아리스토텔레스의 아포리즘이 무색하게, 혼자 살다 혼자 죽는 사람이 늘어가는 일본 사회의 현실을 치밀하게 기록했다. 남의 나라 이야기로 치부하자니 한국의 현실과 겹치는 부분이 너무 많다.

for the people 25

사람이 되고저

여인의 결혼조건

一. 일생을 두고 나를 사랑해주시오
二. 그림 그리는 것을 방해하지 마시오
三. 시어머니와 따로 살게 하여주시오

1896년 4월 18일 경기도 수원 출생
성별 여, 이름 아기

아기兒只, 간난看蘭이, 성녀聖女
고유명사가 아닌
보통명사로 불리는 신세

'딸은 나면서부터 남의 것
하루라도 빨리 치우는 게 이익이다.'

조혼과 축첩의 풍습으로
여성들이 고통받던 시절

"계집애라는 것이 시집가서 아들딸 낳고
시부모 섬기고 남편을 공경하면 그만이니라."
"그것은 옛 말이에요.
계집애도 사내와 같이 돈도 벌 수 있고,
사내와 같이 벼슬도 할 수 있어요."
"좋은 집에 시집가면
좋은 옷에 생존 배불리 먹다 죽지 않겠니?"
"먹고만 살다 죽으면 그것은 사람이 아니라 금수이지요.
조상이 벌어놓은 밥
그것을 그대로 받은 남편의 그 밥을
또 얻어먹고 있는 것은 우리 집 개나 일반이지요."
—『경희』(1918)

최초의 여성 일본 유학생
최초의 여성 서양화가
최초의 이혼 여성

줄줄이 첩을 거느렸던 아버지
죽으나사나 순종만이 미덕이었던 어머니
집집마다 비슷했던 그 시절

여성 최초로 떠난 일본 유학에서 돌아와
답답한 조선의 현실에
분노하고 좌절하고 번민하는
신여성

한 인간으로서의 자기 주체성을
진지하게 고민하기 시작한
근대의 여성

"우리 조선 여자는 너무 오랫동안
자기에 대해 제일 중요한 것을 잃고 살아왔습니다.
'나도 다른 사람과 같이 생명이 있다'라는 것을 억제하고
살아왔습니다.
가만히 앉아서 제 숨소리를 들어보시오.
'나도 한 사람이다'라는 자부심이
이상스럽게 전신에 흐르리다."

그러나
'여자란 병풍 속에 그린 닭같이
인형의 집 안에 고요히 들어앉아서
밥이나 먹고 잠이나 자는 것이다.'

여인을 바라보는
가족과 사회의 싸늘한 시선
남편의 이혼요구

이혼 18년 후
1948년 겨울

행려 사망 / 주소 미상 / 성별 여 / 성명 나혜석 / 연령 53세
인상 신장 4척5촌 / 두발 장 / 수족 정상 / 구口, 비鼻, 안眼, 이耳 정상
체격 보통 / 기타 특징 無 / 착의 고의 / 소지품 無

ⓒ 나는 인간으로 살고 싶다

내가 인형을 가지고 놀 때 기뻐하듯
아버지의 딸인 인형으로 남편의 아내 인형으로
그들을 기쁘게 하는 위안물 되도다

남편과 자식들에 대한 의무같이
내게는 신성한 의무 있네
나를 사람으로 만드는 사명의 길로 밟아서
사람이 되고저
 ─「인형의 가」 중에서

for the people 25+
'최초의' 조선 여성

나혜석은 1896년 경기도 수원에서 태어나 천부적인 예술성과 명석한 두뇌로 일찍부터 세간의 주목을 받았다. 1913년 진명여자보통고등학교를 수석으로 졸업하고 일본으로 건너가 동경여자미술전문대학 서양화과에 입학했다. 조선 여성으로 유화를 전공한 것은 나혜석이 처음이었다.

당시 일본은 스웨덴의 여성사상가 엘렌 케이Ellen Key의 '연애도덕론'과 '세이토샤' 동인들이 주도하던 '신여성운동'의 여파로 여성문제가 중요한 화두로 떠오르고 있었다. 연애도덕론은 결혼생활의 도덕성 여부는 '연애'가 가능한다는 이론으로, 연애가 있는 결혼은 도덕적, 없는 결혼은 부도덕적이라고 간주했다. 여성의 자기각성과 해방을 강조하고 그 실천으로 자유연애를 지지한 신여성운동은 "분명한 의지로 선택한 것만이 진정한 자기 삶"이라고 주장했다. 아버지의 축첩문제로 속끓이던 어머니, 시집가서 같은 문제로 고통 받던 언니, 개명開明한 오빠와 갈등하던 올케의 불행한 생활에서 여성차별과 억압을 보았던 나혜석은 새로운 사상에 매혹되었다. 그녀는 이론을 내면화하여 스스로를 신여성으로 재인식했다. 1914년 동경 거주 조선인 유학생 잡지 『학지광』에 「이상적 부인」을 투고한 것을 기점으로

나혜석은 작품과 삶을 통해 자신의 이상을 체현했다.

1918년 나혜석은 학교를 졸업하고 고국으로 돌아왔다. 이후 그녀의 행보에는 '최초'라는 수식어가 운명처럼 따라붙었다. 1918년 조선 여성 최초로 근대소설『경희』를 발표했다. 일본 유학을 다녀온 신여성이 구태에 물든 주변사람들을 개화한다는 내용이었다. 1921년 조선 최초의 전업작가이자 여성유화가로 개인전을 개최했다. 고희동, 김관호, 김찬영 등 동세대 남성작가들이 줄줄이 절필하던 시절이었다. 1927년 조선 여성 최초로 세계일주에 나섰고, 1934년 조선 여성 최초로 자신의 이혼심경을 잡지에 고백했다.

시대를 앞선 문제의식

1920년 나혜석은 외교관 김우영과 결혼한다. 열 살 연상이었던 김우영은 이미 한차례 상처喪妻한 전력이 있었다. 결혼 전 "평생 지금과 같이 나를 사랑할 것, 그림 그리는 것을 방해하지 말 것, 시어머니와 전실 딸과는 함께 살지 않도록 해줄 것" 등 세 가지 조건이 담긴 '혼인계약서'를 작성해 화제가 되었던 나혜석은, 신혼여행으로 첫사랑 최승구의 묘를 방문하여 더욱 구설에 올랐다. 훗날 염상섭은 이 사건을 극화하여 소설 『해바라기』로 벼려냈다.

외교관의 아내, 사남매의 어머니이자 전도유망한 화가였던 나혜석에게 가장 절실했던 것은 여성으로서 자신이었다. 여성의 지위와 권리, 남녀 간 평등하고 평화로운 공존을 고민했던 그녀의 문제의식은 1923년 『동명』에 게재한 「모(母) 된 감상기」에서 엿볼 수 있다. 임신과 출산이라는 여성의 사적인 경험을 공론의 장으로 끌어낸 나혜석은 "아이를 낳는 것, 아이에게 젖을 물리는 것이 너무 고통스럽다. 하지만 조선 사회에서는 여성들의 고통을 이해하지 않고 거룩한 것이니 너희가 참아라, 라는 식으로만 이야기한다"면서 본성으로서의 모성을 의문에 부쳤다. 1949년 『제2의 성』을 통해 "여자는

ⓒ 나는 인간으로 살고 싶다

태어나는 것이 아니라 만들어지는 것"이라고 갈파한 프랑스의 소설가이자 철학자 시몬 드 보부아르의 통찰과 궤를 같이하는 대목이다.

 조선 남성들 보시오.
 조선의 남성이란 인간들은 참으로 이상하오.
 잘나건 못나건 간에 그네들은 적실, 후실에 몇 집 살림을 하면서도 여성에게는 정조를 요구하고 있구려.
 하지만, 여자도 사람이외다! 한순간 분출하는 감정에 흩뜨려지기도 하고 실수도 하는 그런 사람이외다.
 남편의 아내가 되기 전에, 내 자식의 어미이기 전에 첫째로 나는 사람인 것이오.
 내가 만일 당신네 같은 남성이었다면 오히려 호탕한 성품으로 여겨졌을 거외다.
 조선의 남성들아, 그대들은 인형을 원하는가, 늙지도 않고 화내지도 않고 당신들이 원할 때만 안아주어도 항상 방긋방긋 웃기만 하는 인형 말이오.

 나혜석의 「이혼고백서」 일부다. 1927년 남편과 함께 세계여행길에 오른 나혜석은 파리에서 만난 최린과 불륜에 빠진다. 이 일로 이혼을 당한 그녀는 종합월간지 『삼천리』에 「이혼고백서」를 기고, 가부장적 이데올로기의 편협함과 이중성을 고발한다. 그러나 처첩제와 정조관념을 비판하고 여성의 재산분할권과 성적 자기결정권을 주장한 나혜석의 사고는 당대의 가치관이 수용하기엔 너무 급진적이었다. 열렬한 후원자였던 둘째 오빠 나경석이 절연을 선언했고 최린은 그녀를 외면했으며 김우영은 존재를 부인했다. 사남매는 평생 어머니는 물론 외가와도 만나지 못했다. 훗날 한국은행 총재가 된 아들 김건은 나혜석에 대해 묻는 기자에게 "나에게는 그런 어머니가 없다"고 대답했다.

"개인적인 것은 정치적인 것이다"

유사 이래 페미니즘적 사고를 보여주는 사건은 많지만, 보통 18~19세기 유럽의 여성참정권운동을 페미니즘 1차물결로 간주한다. 여성에게 선거권과 피선거권을 부여하여 정치에 참여할 수 있도록 해야 한다는 여성참정권운동은 "여성은 남성보다 감정적이기 때문에 합리적인 판단을 내릴 수 없다"는 남성들의 저항에 부딪혀 진전을 보지 못했다. 지난한 싸움은 1893년 뉴질랜드가 세계 최초로 여성의 참정권을 인정하면서 결실을 맺었다. 이후 오스트레일리아, 핀란드, 미국으로 확산되었고 제1차 세계대전을 전후로 유럽에 정착했다. 한국은 1948년 제정된 헌법으로 여성참정권을 보장했다.

페미니즘 2차물결은 1963년 미국의 저널리스트 베티 프리단Betty Friedan이 『여성의 신비』를 출간하면서 시작되었다. 보부아르의 『제2의 성』을 백인 앵글로색슨 여성버전으로 번안한 이 책은, "바닥을 윤이 나도록 닦으면서 만족감을 느끼지 못하는" 여성의 내면적 갈등에 주목하고 교육과 대중매체 등이 주입한 '행복한 현모양처'의 허구성을 폭로하면서 페미니즘 운동에 불을 붙였다. "개인적인 것은 정치적인 것이다"라는 슬로건 아래 2차페미니즘 운동은 이전까지 비정치적 영역에 머물렀던 것에 관심을 기울였다. 1차물결이 '여성의 투표권 획득'에 초점을 맞추었다면, 2차물결은 여성이 처한 삶의 조건 전체를 바꾸려 했다. 임신과 출산에 대한 법률제정, 고용과 교육 등에서의 성차별금지는 가시적 결과물이었다.

1970년대에 접어들면서 "중산층 백인 여성만을 대상으로 삼고" "생물학적 성sex으로 남성과 여성을 구별함으로써 인종, 계급, 섹슈얼리티를 반영하지 못한다"는 비판에 직면한 페미니즘은 '젠더gender' 개념을 수용하면서 난맥을 돌파한다. 사회적·역사적·문화적으로 구성된 성으로서 젠더는 기존 성차개념의 한계를 극복하고 여성의 다양한 체험들을 다룰 수 있는 방법을 제시했다. 또한 중첩되는 인종적·계급적·성적 차이들을 포섭하며 여성의 범위를 퀴어, 하층노동자, 이주민 등 '여성적 지위'에 해당하는 자들로까지 확장했다.

만약, 여성의 눈으로 세계를 본다면

'근우회' 활동을 비롯한 개화기 신여성운동이 한국 페미니즘의 1차물결이라면, 2차물결은 1980년대 여성노동운동으로 시작되었다. 마르크시즘을 근간으로 한 남성노동조합운동 내 여성지부로 활동하던 초창기 여성노동운동은 여성이 아닌 '노동'에 방점을 찍고 민족·민주운동의 일부로 규정되었다. 일제강점과 분단, 독재정권을 거친 한국적 상황을 반영한 것이다. 그러나 남성들의 논리가 여성의 입장을 대변하지 못한다고 판단하고 1987년 3월 여성노동자회를 조직하면서 여성노동운동은 독자노선을 걷게 되었다. 1992년 한국여성노동자협의회로 확대·개편하는 여성노동자회는 '동일노동 동일임금' '결혼퇴직 반대' 등 차별철폐가 주요 이슈였다. 비슷한 시기에 출범한 여성민우회는 고용에서의 성차별 철폐, 직장 내 성희롱

규제 등을 요구했다. 이들의 목소리는 1987년 남녀고용평등법 제정과 1991년, 1995년 두 차례 개정을 이끌어냈다.

1980년대 말 동구권의 붕괴가 사회운동 전반에 영향을 끼치면서 페미니즘도 변화를 겪었다. 노동에 국한되었던 관심사는 사회, 문화의 다양한 영역으로 확대되었는데, 성폭력 문제도 그 중 하나였다. 변월수 사건, 김부남 사건, 김보은 사건 등 충격적인 성폭력 사건이 연일 보도되는 가운데 페미니즘은 개인적인 일로 치부되던 성폭력을 사회문제로 의제화했다. 1991년 한국성폭력상담소가 설립되고 1997년 성폭력특별법이 제정되었다. 외국 유학파 교수와 문인을 중심으로 한 '또하나의 문화'는 가부장적 문화를 분석하여 대안적 삶을 제시했고, 1997년 출범한 서울국제여성영화제는 국내외 여/성들의 다채로운 삶을 들여다보며 남성적 구조를 내파할 가능성을 모색했다. 서울국제여성영화제의 캐치프레이즈는 '여성의 눈으로 세계를 보자'이다.

같은해 여성주의 계간지 『이프IF』가 창간되었다. '웃자! 뒤집자! 놀자!'를 캐치프레이즈로 내건 『이프』는 '지식인 남성의 성희롱' '여성의 성욕' '퀴어' '간통죄 폐지' 등 논쟁적인 주제로 화제가 되었다. 특히 단일화된 미와 여성의 상품화에 반대하며 1998년 개회한 안티미스코리아대회는 사회적으로 커다란 반향을 일으켰다.

2000년대 페미니즘은 '호주제 폐지'나 '양성평등' 같은 급진적인 구호들이 일반화되면서(실제로 호주제는 2005년 폐지되었다) 쇠퇴일로를 걸었다. 대학의 여성학수업은 급격히 줄었고, 2001년 발족한 여성부는 2005년 여성가족부로 개편되면서 사실상 해체되었다. '인텔리 여성들의 배부른 소리' '사회문제는 빗겨가는 지적 유희' 등의 비판에 시달렸던 『이프』도 2006년 종간했다. 폐간에 부쳐 "대중과의 소통에 실패했다"고 고백한 『이프』 편집진의 자평은 향후 페미니즘의 과제로 남았다.

+ BOOK

연애의 시대
권보드래 저, 현실문화연구, 2003.

전통과 근대, 식민지와 제국, 구여성과 신여성이 충돌하던 1920년대 식민지 조선의 문화와 풍속을 '연애'를 키워드로 관통한다. 당대 신문기사와 잡지, 만평 등으로 시대를 아우르며, 모던보이, 모던걸의 분열된 의식을 미시적으로 들여다보는 재미가 쏠쏠하다.

페미니즘의 도전
정희진 저, 교양인, 2005.

온갖 음모와 편견으로 뒤덮인 페미니즘의 맨얼굴을 정직하게 드러낸다. 태생적으로 주류 이데올로기에 저항하고, 포섭되지 않으려 발버둥쳐왔던 페미니즘은, 그래서 실상 까다롭고 어려운 이론이었던 게 사실이다. 저자는 한국적 현실 안에서 여성주의의 본질을 알기 쉽게 설명하고, 장애인, 성소수자 등 사회적으로 '여성'의 위치에 있는 자들의 목소리를 들려준다.

for the people 26

Game Not Over

감옥과 다름없는 생활
허가받지 않은 물품 소지 시 강제퇴거
그리고 이직률 50%

'16세 때부터 술을 마시기 시작,
18세에 학교를 중퇴했다.'

'음주운전 혐의로 체포된 후
문제가 끊이지 않았다.'

'패배자'라는 낙인을 안고 살아온 인생

"100군데가 넘는 곳에 지원했지만
어디에서도 받아주지 않았죠.
단 한 곳을 빼고요."

단 한 곳

PHS Pioneer Human Services
파이오니어 휴먼 서비스

전 직원의 85%
노숙자, 알코올 및 약물 중독자
전과자(강력범죄 제외)

패배자들의 집합소
보험가입까지 거부당했던 기업

그러나
'사람은 누구나
변화의 기회를 얻을 자격이 있다.'
— PHS 설립이념

부품제조, 식품, 물류 등 분야별 직업훈련을 통해
숙련도에 따라 임금이 인상되있다

재활기간 동안 임대주택 지원(월세 11만 원 수준)
엄격한 생활관리와 상담지료
통장관리를 비롯한 경제교육

"아무도 저를 얕잡아보지 않았어요.
마침내 집에 온 느낌이었습니다."
— 스콧

"돈도 없고 살 곳도 없었어요.
이젠 아침에 쫓겨날 걱정을 하지 않아도 돼요."
— 조니

"내 인생은 술집과 감옥의 반복이었죠.
다시는 아들을 실망시키고 싶지 않아요."
— 조이

범죄의 수렁에 빠지기 쉬운
사회취약계층을
다시 일으켜 세우는 기업

© PHS

이 기업의
일반 기업으로의 이직률 50%

'일반 기업으로 이직한다는 것은
사회에 진정으로 필요한
일원이 되었다는 것을 의미한다.'

Pioneer Human Services
1963년 알코올중독자 모임에서 시작된 미국 최초의 사회적 기업

설립 당시부터 50년간
매년 수천 명에서 수만 명이
인생의 두 번째 기회를 잡는다

Game Not Over

© PHS

for the people 26 +
노숙자가 고객이자 직원인 회사

 대한민국 사회적기업육성법 제2조에 따르면, 사회적 기업은 '취약계층에게 사회서비스 또는 일자리를 제공하여 지역주민의 삶의 질을 높이는 등의 사회적 목적을 추구하면서 재화 및 서비스의 생산·판매 등 영업활동을 수행하는 기업'을 말한다. 유럽, 미국 등 선진국에서는 1970년대부터 시작되었으며, 영국에서는 2006년 현재 5만 5,000여 개 기업이 성업중이다. 발생하는 이익을 주주에게 배당하는 영리기업과 달리 사회적 기업은 이익이 발생하면 사회적 서비스와 자체 사업 확장을 위해 재투자하는 것이 특징이다. 한국은 2007년 1월 3일 관련법을 만들어 7월 1일 시행에 들어갔다. 2012년 현재 재활용품을 수거·판매하는 '아름다운가게', 정신지체장애인이 우리밀 과자를 생산하는 '위캔', 친환경 건물청소업체 '함께일하는세상' 등 640개 사회적 기업이 있다.

 PHSPioneer Human Services는 미국의 변호사 잭 달턴이 세웠다. 알코올중독으로 변호사 자격을 박탈당한 그는 회사자금을 횡령한 죄로 2년간 교도소에 수감되었다. 수감기간 동안 재소자들이 처한 열악한 상황을 알게 된 달턴은 1963년 이들의 재활을 돕는 Pioneer

PHS

Fellowship House를 만든다. 대가를 치러야 귀중함을 깨닫는다는 생각으로 모든 서비스를 유료화했으나, 출소자들이 이를 이용할 비용조차 없다는 걸 깨닫고 일자리를 창출할 목적으로 PHS를 설립한다. 범죄자의 재활을 목적으로 삼고 이윤을 추구하지 않는 경영방식을 고수하며 자본주의 이념에 정면도전한 PHS는 택배회사, 카페 등 계열사 10개를 운영하면서 2008년 총매출 6,400만 달러를 올렸다.

PHS의 모토는 패자부활이다. 택배 직원의 평균학력은 초등학교 6학년이고, 영어가 서툴거나 알코올중독에 빠진 사람이 90%다. 이렇게 PHS에서 일하며 기술과 영어를 배우는 이들이 연간 1만 2,000여 명이다. 워싱턴주립대학 연구 결과, PHS를 거친 사람들의 2년 이내 재범률은 6.4%다. 정부의 교정사업 참가자들의 재범률은 23%다. 2006년 PHS 직원을 대상으로 알코올·약물 테스트를 한 결과 1.1%가 양성반응이 나왔다. 미국 내 보통 사업장은 4.3%다. PHS의 경영철학은 팀 하로 수석 부회장의 말로 요약된다. "길거리에 나앉은 이들은 자본주의 체제가 낳은 불균형한 구조의 산물일지도 모릅니다. 우리는 이들에게 새로운 기회를 제공함으로써 우리 사회의 균형을 되찾으려 합니다."

자본주의 수정 백신의 버전 업

신자유주의로 자본주의 시스템이 한계에 다다랐다는 분석이 잇따르자, 이를 보완할 방안 중 하나로 기업의 사회적 책임(CSR, Corporate Social Responsibility)에 대한 관심이 높아지고 있다. 기업은 이익증대만이 아니라 윤리경영, 사회공헌 등 사회적 책임을 다해야 하며, 기업의 성과를 가늠할 때 이 부분 또한 고려해야 한다는 것이 CSR의 핵심이다. 과거 기업들이 언론, 시민사회, 종교계 등 외부의 요청에 수동적으로 응하며 회사 경영전략과 별개로 CSR를 시행했다면, 오늘날에는 시장에서의 경쟁우위를 차지하고자 전략적,

통합적, 능동적으로 CSR을 시행한다. 바야흐로 CSR 2.0 시대의 도래다.

CSR 2.0 시대를 선도하는 것은 ISO 26000을 획득한 유럽의 기업들이다. ISO 26000은 국제표준화기구ISO가 2010년 11월 1일 발표한 기업의 사회적 책임에 대한 국제표준이다. 인권, 노동, 환경, 소비자 이슈, 공정거래 관행, 지역사회 공헌, 지배구조라는 일곱 개 분야의 기준을 통해 기업과 정부, 노조, 시민단체 등 모든 조직이 추구해야 할 사회책임의 잣대로 통용된다(한국은 2009년 캐나다 퀘벡에서 열린 ISO 26000 제정 총회에서 반대표를 던졌다). 기업이 자발적으로 ISO 26000 인증을 취득하면서까지 CSR에 역점을 두는 이유는 소비자에 있다. 공정무역 상품이 일반상품의 세 배 이상 판매되는 유럽에서, 기업은 CSR에 집중할 수밖에 없다. 1998년 나이키는 동남아시아 하청업체들이 아동노동을 이용했다는 스캔들에 휘말렸고, 이것이 소비자불매운동으로 이어져 매출과 기업 이미지에 큰 타격을 입었다. 하여 유럽의 기업들은 하청업체에까지 CSR을 요구한다. 소비자의 자각과 행동이 기업행태의 교정기로 작용한 것이다.

CSR이 기업을 평가하는 주요 요소로 자리매김하면서 현대·기아자동차, 삼성SDI, 포스코 등 한국의 대기업들도 이를 수용하고 있다. 그러나 한국노동사회연구소 부소장 노광표는 이들이 CSR의 본래 취지를 왜곡하고 있다고 비판한다. "윤리경영, 사회공헌, 투명경영 분야에는 관심을 보이면서도 지배구조, 환경, 인권, 노동 분야는 아예 무시하고 있다"는 것이다. 일례로, 서울시와 함께 주거 약자들에 대한 '희망온돌사업'을 추진중인 신세계 이마트는 2013년 1월 노조활동을 원천봉쇄하려는 목적으로 불법 직원사찰을 감행한 문건이 공개돼 물의를 빚었다.

부도덕한 욕망에 대한 윤리적 처방전

사회적 책임투자(SRI, Social Responsible Investing)는 기업의 재무적 성과뿐만 아니라 CSR 성과까지 종합적으로 평가해 투자대상을 선정하는 자본시장의 새로운 흐름이다. 사회와 생태계에 해악을 끼치는 기업이 자본을 구하지 못해 시장에서 자연스레 도태하게끔 만드는 게 목적이다. 북유럽 등지에서 불기 시작한 SRI 바람은 2008년 금융위기 이후 전 세계적으로 크게 확대되고 있다.

2004년 11월 노르웨이 정부는, 연기금을 관리하는 노르웨이 은행투자관리 내 자문기구로 윤리위원회를 설치했다. 어떤 종류의 힘이든, 힘이 있는 곳에는 그것을 규제할 장치를 마련해야 한다는 취지에서다. 윤리위원회는 투자기업을 광범위하게 조사하여 비윤리적인 기업에 대해 투자 철회를 권고한다. 노르웨이 재무부가 이를 받아들이면, 중앙은행은 노르웨이 은행투자관리를 통해 해당 기업의 주식을 두 달 안에 팔아야 한다. 윤리위원회 권고의 이행여부는 홈페이지에 공개된다. 한국 기업 중에는 한화와 풍산이 비인도적인 무기 '집속탄'을 생산한다는 이유로 투자 철회공고를 받았다.

2006년에는 유엔 주도 아래 투자기관과 전문 컨설팅사들이 유엔책임투자원칙UN PRI을 만들었다. 여기에 서명한 기구는 네덜란드공무원연금, 캘리포니아공무원연금, 영국대학교원연금, 노르웨이 정부연금, 한국의 국민연금과 사학연금 등 916개다. 회원사들의 총 운용자산은 30조 달러로, 전 세계 간접투자 자산시장의 5분의 1에 달한다. 이들은 기업의 성과에 더해 기업의 윤리성을 중요한 투자판단 기준으로 삼는다. 제멋대로 날뛰는 자본을 규제할 최소한의 윤리적 족쇄를 마련한 셈이다.

2010년 기업의 윤리적 책임을 연구·조사하는 국제적 싱크탱크 그룹 에티스피어Ethisphere 연구소는 윤리적 책임을 가장 잘 이행하고 있는 세계 100대 기업을 선정해 발표했다. 연구소는 연간수익 5,000만 달러 이상, 종업원 100명 이상의 300여 개 기업에 △기업의 사회적 책임(20%) △기업 지배구조(10%) △기업 혁신능력 및 시민사회에 대한 공헌도(15%) △해당 산업부분에서의 리더십(5%), △경영자의 지도력 및 기업문화(15%) △법률 준수여부 및 범죄기록 유무(20%) △윤리경영 프로그램 실시여부(15%) 등 총 일곱 개 항목의 평가기준을 적용했다. 한국 기업은 단 한 곳도 선정되지 못했다.

무함마드 유누스의 사회적 기업 만들기
무함마드 유누스 저, 송준호 역, 물푸레, 2011.

빈곤층에게 돈을 빌려주고 그들의 자립을 돕는 '그라민 은행'을 설립하여 2006년 노벨 평화상을 수상한 무하마드 유누스는 '착한 자본주의'가 가능하다는 믿음을 증명하려 한다. 그 일환으로 '사회적 기업'을 제시한 저자는, 자본주의를 위한 새로운 차원의 비즈니스로서 사회적 기업이 지니고 있는 잠재력을 다양한 사례를 통해 보여준다.

기업의 사회적 책임, CSR 경영
다니모토 간지 저, 김재현 역, 시대의창, 2011.

오늘날 국제 기업경영 환경의 변화를 분석하고, 기업과 노동자, 소비자와 환경의 상호 공존을 가능하게 하는 CSR 전략과 목표를 일본 기업을 중심으로 소개한다. 기업경영자를 대상으로 하는 만큼 대중적 재미는 떨어진다.

for the people 27
그 나라의 교과서

Être à l'heure

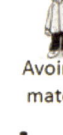
Avoir son matériel

Bien écouter

Apprendre ses leçons

Ne pas bavarder

Les règles de l'école

Ne pas se bagarrer

Ranger sa case

Soigner son travail

Ne pas se balancer

Bien se ranger

S'asseoir correctement

Lever le doigt

Aller aux toilettes à la récré

Être poli et respectueux

Avoir les mains propres

Faire signer mots et cahiers

Soigner son matériel

Chuchoter

Faire son métier

총 급여와 실수령액의 차이를 계산하시오
사회 분남금을 너하고 교통수딩을 제외힌
금액을 찾으시오

시민교육

중학교 4학년 과정

2010년 3월: 보상금 지급을 요구하다
2010년 4월: 공장을 폐업하다

탐구해보자
공장폐쇄에 맞선 노동조합

총정리
이 사례를 기반으로 어떻게 노조가 노동자의 권리를 보호하는지 설명해보시오

시민교육

중학교 3학년 과정

급여명세서
총 급여와 실수령액의 차이를 계산하시오
사회 분담금을 더하고 교통수당을 제외한 금액을 찾으시오

Le revenu de solidarité active

Entré en vigueur le 1ᵉʳ juin 2009, le revenu de solidarité active (RSA) garantit un revenu minimum aux personnes sans ressources. Le RSA soutient aussi financièrement les travailleurs pauvres et favorise le retour à l'emploi.

Qui sont les bénéficiaires du RSA ?

« Je m'appelle Sylviane, j'ai 50 ans. Je vis seule, mes enfants sont grands. Je travaille trois après-midi par semaine, comme assistante à la personne. Avant, tout ce que je gagnais était déduit de mon RMI[1]. Travailler ou pas, c'était pareil. Maintenant, je touche le RSA en plus de mon salaire. J'ai de meilleurs revenus, et ça vaut la peine de travailler. »

1. Revenu minimum d'insertion.

www.rsa.gouv.fr

Sylviane, allocataire du RMI, en activité

« Je vis en couple, nous avons un enfant de 4 ans. Je travaille à temps plein. Ma compagne Julie ne travaille pas. Les revenus dont nous disposons (mon salaire) sont de 1 040 €. Nous ne percevons pas d'allocations familiales. Le revenu qui nous est garanti avec le RSA s'élève à 1 328 €. Pour atteindre ce revenu, 288 € nous seront versés. »

www.morbihan.fr

Marc, travailleur à temps plein

Huit millions de personnes concernées

« Le RSA concerne les personnes qui ont un niveau de vie inférieur au seuil de pauvreté[2]. Au total, 8 millions de personnes. Qui sont-elles ?

B Pourquoi le RSA ?

Une mesure contre la pauvreté et pour le retour à l'emploi

« On a créé le revenu de solidarité active pour résoudre deux problèmes. Le premier est celui des personnes qui, lorsqu'elles reprennent un travail, perdent de l'argent par rapport à ce qu'elles touchaient auparavant lorsqu'elles ne travaillaient pas (RMI, API[1]). Le second est de soutenir les personnes qui ont des revenus du travail insuffisants pour sortir de la pauvreté ou tout simplement pour boucler les fins de mois. [...]
Le RSA n'est pas seulement une prestation financière. Il mobilise des acteurs pour accompagner les personnes dans la recherche d'un emploi, dans leur choix de projet professionnel.
[...] Les Français les plus riches contribueront à son financement[2]. »

Interview de Martin Hirsch, haut commissaire aux solidarités actives contre la pauvreté, à l'origine de la loi sur le RSA, le 23 septembre 2008.
www.gouvernement.fr

1. Allocation de parent isolé, elle a été remplacée par le RSA.
2. Pour financer une partie du RSA, l'État a mis en place une nouvelle taxe de 1,1 % sur les revenus du capital (revenus d'épargne comme les assurances-vie, revenus issus de la location d'un bien immobilier).

Que dit la loi ?

Article L.262-1. « Le revenu de solidarité active a pour objet d'assurer à ses bénéficiaires des moyens convenables d'existence, d'inciter à l'exercice d'une activité professionnelle et de lutter contre la pauvreté de certains travailleurs, qu'ils soient salariés ou non salariés. »

Code de l'action sociale et des familles.

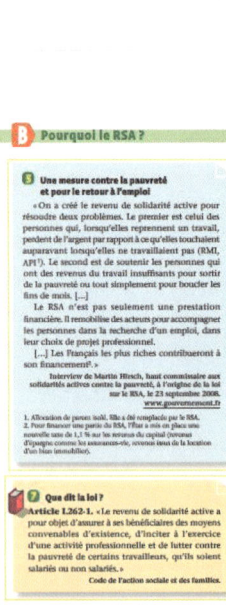

revenu de Solidarité active

le rSa mode d'emploi
juin 2009

Le rôle de l'État et des départements

Mode d'emploi du RSA publié par le conseil général du Morbihan.
Le département finance le RSA, avec l'État. La caisse d'allocations familiales verse le RSA. Le Pôle aide les bénéficiaires à rechercher un emploi.

QUESTIONS

Je lis et j'analyse les documents

시민교육
초등학교 중급과정

"조에"
"앙트완"
"우리 어린이들의 진짜 일은 노는 거야."

"앞으로 달라.
배우가 되고 기술자가 되고 디자이너가 돼."

"그러면 장난감을 디자인하고 만드는 사람들은
평생 일해야겠네."

"불쌍한 사람들!
불쌍한 사람들!"

II

A. Les droits et l[...]
1. Les libertés indiv[...] et collectives

Objectifs

Montrer que les libertés [...]
possibilité d'exercer sa re[...]
Comprendre que les libe[...]
limites fixées par la loi qu[...]
exercice avec l'ordre pub[...]
d'autrui.
Savoir que des contradi[...]
existent dans l'exercice [...]

Problématique

Les libertés sont classées [...]
les analyser selon :

– leur objet, leur finalit[...]
liberté de pensée, liberté [...]

– leur mode d'exercice [...]
liberté collective.

Le type de classement a[...]
reste relatif ; l'organisatio[...]
des libertés obéit à un[...]
complémentarité ; ainsi, [...]
qui revêt de multiples asp[...]
viduelle et collective ; d[...]
réunion illustrant une libe[...]
et politique suppose u[...]
même temps qu'elle sup[...]
cice le regroupement de [...]
D'autres libertés s'exerc[...]
rapports économiques e[...]
syndicale ou le droit de [...]
L'organisation des libert[...]
suppose un régime po[...]
fondé sur les principes d'[...]
lité, séparation des pou[...]
etc.).

Démarche

En France, à la différen[...]
libertés fondamentales n[...]
dans un texte unique ; e[...]
fois dans les textes fonda[...]
1958 et son préambule), [...]
internationales et dans le[...]
constitutionnel. Les pro[...]
l'exercice des libertés ne [...]

프랑스 필수 교육과목

시민교육

시민교육 교과서에
예외 없이 들어 있는

우리는 일하는 것이 필요하다

일할 수 있는 권리, 일할 때의 권리

노동 권리와 노동조합

일. 노동. 권리

"일자리를 갖는다는 것이
재산이고 권리이다.
하지만 노동자는
법으로 보호받아야 한다."

학년이 올라갈수록 심화되는 내용

시민교육
고등학교 1학년 과정

토론1
일터에서의 권리를 어떻게 이용할 것인가?

토론2
노동유연성은 일자리를 창출하는가?
아니면 노동자의 권리를 침해하는가?

토론3
불법취업을 막을 수 있는가?

토론4
주 35시간 노동: 진보인가?

토론5
노동시장에서의 남녀차별을
어떻게 줄여나갈 것인가?

"시민교육의 목적은
학생들에게 지식을
전수하는 것이 아니라
그들이 무엇을 원하게끔
하는 데 있다."

— 레옹 베라르(전 교육부 장관)

4e

ans la vie quotidienne et à
es faits qui s'y rattachent,
afin d'éclairer le contenu
ou telle liberté.
revêt un aspect d'actualité
l'avenir ; les libertés res-
nt vigilance et responsabi-
en.

EXEMPLE :
D'ALLER ET VENIR

enir ou liberté de circulation
fondamentales proclamée et
internationaux :
droit de circuler librement et
à l'intérieur d'un État. Toute
quitter tout pays, y compris
lans son pays ».
e, article 13 (1948)

ve régulièrement sur le terri
it d'y circuler librement et d'y
ésidence. Toute personne est
orte quel pays y compris le

de la Convention européenne
.

e liberté, elle reste soumise à
nditions d'exercice, la liberté
sidérée par le Conseil consti-
rincipe fondamental reconnu
blique.

TRAVAIL

ésentations des élèves : la
n est considérée comme
mitation à son exercice est
e atteinte à la liberté indi-

culation n'a pas toujours
econnaissance officielle.
montrent que les États ont
ues variées, des limitations
liberté.
s sont menées avec les
en évidence l'exercice de

for the people 27⁺
꽃처럼 붉은 피가 유산이 되어

　민주주의적 자치를 통치의 기본질서로 하는 특정한 정치공동체에서, 공동체가 보장하는 모든 권리를 완전하고 평등하게 향유하는 개별구성원 즉, 시민citizen은 고대 그리스·로마부터 존재했다. 역사상 최초의 도시국가와 최초의 공화국은 자국 내 거주하는, 자유로운, 성인 남성에게 한정하여 시민권을 부여하고 이들을 대상으로 교육을 시행했다. 교육목표는 국가의 결속과 안정에 기여하고, 시민의 의무를 구체적이고 실천적으로 학습하며, 예비시민들에게 사회적·법적·정치적 권리를 가르치는 것이다. 이 세 가지는 시민교육의 필수불가결한 요소로, '결속과 의무'를 위한 교육이 압도적이었던 스파르타조차 예비시민들에게 토지소유권자의 권리를 교육했다. 교육의 지향과 목적은 플라톤, 아리스토텔레스 등 철학자들에 의해 뒷받침되었다

　이렇게 형성된 교육철학과 제도는 수백 년 동안 서구에 영향을 끼쳤다. 고전문학과 그리스·로마 역사에 대한 연구는 사람들에게 시민권 사상과 시민의 역할을 알려주었다. 고대 수사학은 변론술 형태로 학교교육에 흔적을 남겼다. 몇몇 교육이론가와 정치인들은 '시민의식'이라는 고대의 덕성이 오늘날 광범위한 교육적 수단에 의

해 보존되어야 한다고 주장했다. 구체제의 절대주의에 의문을 제기했던 프랑스의 혁명가들은 고전 속에서 공화주의와 시민권이라는 대안을 찾아 프랑스혁명으로 구체화했다.

절대왕정을 무너뜨린 프랑스 국민의회는 1789년 8월 26일 「인간과 시민의 권리선언」을 통해 '모든 개인'이 시민으로서 법적·정치적으로 평등하다고 선언했다. 이로써 그동안 시민의 지위에서 배제되어 권리를 행사할 수 없었던 노동자와 농민이 시민의 대열에 합류했다. 새로운 시민을 확보한 혁명정부는 국가에 의무를 다하면서도 권력에 저항적인 사람으로 이들을 길러내고자 했다.

프랑스혁명은 정치혁명이자 교육혁명이었다. 1792년 철학자 콩도르세가 작성한 새로운 교육에 대한 보고서는 "진정한 정치적 자유와 평등을 실현하고 정치적 통제로부터 자유로운 교육"을 명시하는 한편, 헌법을 이해하고 실천하고 개선하고 내면화할 수 있는 시민교육을 장려했다. 축제와 모임을 교육의 장으로 이용하고, 연대와 참여, 권리를 강조한 '평생시민교육' 개념도 이때 고안되었다.

혁명정부의 교육제도는 당대에 이렇다 할 효과를 보지 못했다. 1804년 나폴레옹이 황제에 즉위하여 헌법을 제정하면서 역사는 퇴보하는 듯했다. 하지만 시민으로서 활동할 권리와, 그런 활동에 대한 기대를 내용으로 하는 시민권이라는 혁명적 원칙은 프랑스 정치와 문화에 흡수되었다. 정치와 교육의 상관관계에 대한 인식도 공고해졌다. 이러한 성취는 제3공화국 교육개혁의 근간이 되어, 19세기 말 시민교육은 프랑스 학교의 항구적인 현실로 뿌리내렸다.

프랑스혁명 정신은 유럽 전역으로 퍼졌다. 오늘날 국가와 권력, 민주주의와 시민이 존재하는 모든 곳에서 시민교육은 언제나 현재진행형이다. 청소년 탈선과 극심한 인종차별 문제에 시달렸던 영국은, 곰인형 테디베어를 이용한 '서클타임circle time'을 학교수업으로 채택하여 배려와 민주적 의사소통 방식을 가르치고 있다. 재야에서는 누구나 토론과 학습에 참여할 수 있도록 지식인과 학자들이 장을 만든 '천막대학'을 운영한다. 스웨덴의 시민들은 평균 2~3개의 크고 작은 소모임에서 활동하며 가장 작은 단위에서의 민주주의를 직접 실천한다. 독일은 '나치 전체주의'를 거울삼아 어릴 때부터 자신과 다른 정치적 견해를 수용하고 합의점을 찾아가는 다원적 민주주의를 교육하고 있다. 10대 정치인과 20대 학생의원은 독일에서 낯선 풍경이 아니다.

소년이여 벽돌이 되어라

우리는 교육이 필요 없어 We don't need no education

우리는 사고통제도 필요 없어 We don't need no thought control

교실에서 선생님의 빈정거림도 필요 없어

No dark sarcasm in the classroom

어이, 선생, 애들 좀 내버려 둬 Hey! Teachers! Leave them kids alone!

이것저것 다 생각해봐도 당신 역시 벽 만드는 벽돌 한 장에 불과해
All in all you're just another brick in the wall.

영국의 프로그레시브 록밴드 핑크플로이드의 〈Another Brick in the Wall〉 가사 일부다. 1979년 발표한 앨범 'The Wall'에 실린 곡으로, 국가의 전체주의와 교육제도를 비판하는 내용이다. 실사와 애니메이션이 뒤섞인 뮤직비디오는 사방에 둘러진 벽을 깨부수며 혁명적인 쾌감을 선사하는데, 그 반동적 성격 때문인지 "우리는 사고 통제가 필요 없다"는 노랫말은 2012년 7월 중국에 대한 홍콩의 반反국가주의교육 시위구호로 사용되기도 했다.

'국가이데올로기를 주입하는 훈육기관으로서 학교'는 프랑스 철학자 루이 알튀세르의 아이디어다. 알튀세르는 경찰, 군대, 감옥 같은 억압적 국가기구RSA가 강력력으로 시민들을 억압한다면 미디어, 종교, 학교 같은 이데올로기적 국가기구ISA는 교육을 통해 개인을 제체에 알맞은 노동자로 훈육한다고 주장했다. 이른바 '사회화 과정'이다. 이때 학교는 시민을 길러내는 양육기관이 아니라 훈육기관으로 전락한다. 인간의 자유의지를 배제했다는 점에서 비판받았지만, 권력과 교육을 제고하게 만든다는 점에서 알튀세르의 이론은 의미가 있다.

1968년 12월 5일 박정희 정권은 '국민교육헌장'을 발표했다. 철학자 박종홍이 기틀을 잡았고 '반공'과 '민족중흥'을 키워드로 하여, '반공주의'와 '민족주의'를 양 날개로 삼은 박정희 정권의 이념과 직렬 연결했다. 국민교육헌장은 전국의 학교에 배포되어 교무실과 교실 앞에 내걸렸다.

이데올로기적 국가기구로서 학교는 국민교육헌장에 따라 학생들

에게 멸사봉공의 자세로 국가에 충성할 것을 강요했다. 식민지시대 교육시스템으로 획일주의의 상징이었던 교복과 교모, 삭발은 체제 순응을 규율하는 기본수단이 되었다. 영화 〈말죽거리 잔혹사〉는 국가의 총력안보체제 아래 병영화된 학교를 사실적으로 묘사하고 있다. 교문에 들어서면 학생주임 교사와 규율부 학생들이 완장을 차고 복장 검사를 하며 규정에 어긋나면 '얼차려'나 구타를 가한다. 교실에서는 담임선생이 두발과 복장, 가방 검사를 실시한다. 매주 월요일 아침마다 시행되는 애국조회에서 전교생은 운동장에 모여 국민교육헌장과 '국기에 대한 맹세'를 제창한 후 충효와 반공에 대한 훈화를 듣는다. 철학수업은 '반공도덕' '국민윤리'로 대체된다. 학생들은 교련복을 입고 군사훈련을 한다. 해마다 한 번씩 시행되는 교련검열 통과를 위해 전교생이 한 달 이상 방과후 훈련에 매달린다.

발표 직후부터 "천황의 절대권력을 정당화하고 천황에 대한 무조건적 충성을 강요했던 일제의 '교육칙어'를 그대로 본떴다"는 비판이 거셌던 국민교육헌장은 1993년 문민정부 출범과 함께 폐기되었다. 김영삼 대통령은 신자유주의를 바탕으로 '수월성과 능률'에 초점을 맞춰 교육을 시장논리로 풀겠다는 내용의 '5·31 교육개혁'을 선언했다.

무지無知를 목적으로 하는 교육

'촛불소녀'는 2008년 5월 2일 정부의 미국산 소고기 수입에 반대하여 청계광장에서 시작된 촛불문화제에 가장 먼저 촛불을 들고 나온 10대 청소년들을 일컫는다. 미국 시민교육센터 찰스 퀴글리 사무총장의 말마따나 "자기들이 낸 안건이 실제로 정책결정에 반영된다는 것을 알면서 스스로 각성된 시민으로 거듭나게 하는 것이 시민교육의 목표"이며 "표현의 자유를 지키고, 이를 침해하는 정부에 대해 저항하는 것은 기초적인 민주주의적 권리"라고 할 때, 촛불집회는 청소년들이 정치집회 주체로 부각된 최초의 사건이자 적법한 시위활동으로 정부와의 소통을 시도한 훌륭한 시민교육의 장이다. 그러나 2008년 서울, 충남, 경기도교육청은 각 학교에 공문을 보내 "학교별로 계획을 수립해 학생들이 촛불집회에 무분별하게 참석하는 걸 예방하라"고 지시했다.

'학생인권조례'는 학생의 존엄과 가치가 학교교육 과정에서 보장되고 실현될 수 있도록 각 교육청에서 제정한 조례다. 2009년 12월 경기도가 처음 발표한 이래 2012년 4월 현재 광주, 서울 등지에서 공포되었다. 조례는 학생들에게 학교 밖은 물론 교실, 운동장 등 학내에서도 집회를 열 수 있도록 규정했다(17조. 단, 학교 내 집회의 경우 최소한 범위에서 학교규정으로 제한할 수 있다). 연대, 토론, 의제 설정, 발표 등을 통해 민주주의를 직접 경험할 수 있도록 한 것이다. 체벌, 따돌림, 성폭력 등 모든 물리적·언어적 폭력에서 자유로울 권리(6조), 임신, 출산, 성적性 지향 등의 이유로 차별받지 않을 권리(5조) 등 보편적 인권을 확정했다. 또한 복장, 두발 등 용모에 있어 개성을 실현하고(12조), 특정 종교를 강요하거나(16조) 학생과 교직원의 안전을 위해 긴급한 필요가 있는 경우를 제외하면 학생 동의 없이 소지품 검사를 할 수 없도록 하여, 학생을 훈육의 대상이자 '거대한 벽을 구성하는 벽돌 한 장'으로 인식했던 국가주의교육의 잔재를 청산하고자 했다.

2012년 3월 21일 초·중등교육법 개정안이 시행되었다. 학교장이 학생인권조례를 자의적으로 제·개정할 수 있다는 조항이 핵심이다.

for the people 28

동물의 눈을 가진 여자

"별 일 아닙니다. 깃발을 없애보세요."

"농장에 난리가 났어요.
소들이 갑자기 울기만 해요."

"별 일 아닙니다. 깃발을 없애보세요."

"벌써 며칠째
동물들이 축사에 안 들어가요."

"별 일 아닙니다. 햇빛을 막아보세요."

동물들에게
휘날리는 깃발이 주는 공포를 이해하는

동물들에게
그림자가 구덩이처럼 보인다는 것을 아는

동물처럼
언어가 아닌 그림으로 세상을 보는 능력

"나는 동물에서 사람으로 통하는
중간 정차역과 같습니다."

"동물도 친구가 필요합니다."

무리 속에서 안정감을 느낄 수 있는
넓은 축사

"동물은 곡선을 좋아합니다."

직선 통로의 스트레스를 없앤
곡선 통로

동물의 본능을 존중한
가축시설 설계

인간의 필요 때문에 사육되는 동물이
고통 없이 죽을 권리를 위해
'동물복지규정' 발표

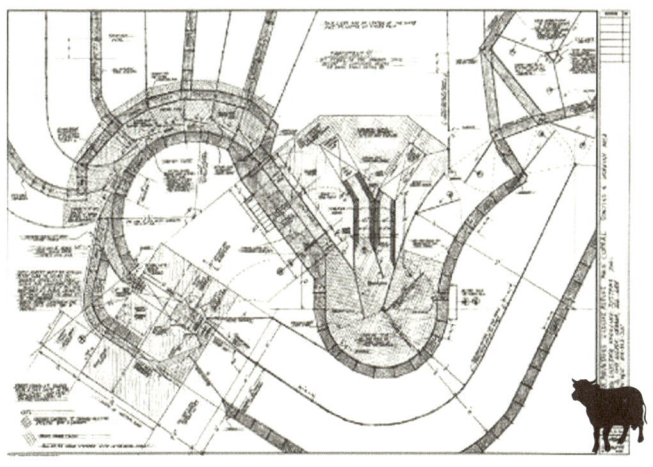

"당신은 왜 동물을 위해
그렇게까지 헌신을 하나요?"

"동물이 나를 구했으니까요."
"동물이 자폐증 환자인 나를 구했으니까요."

사람들의 세계에서는
걸림돌이 되었던 그녀의 방식
그러나
동물들의 세계를
이해할 수 있게 한 그녀의 자폐증

"사람들이 자폐아는
자신만의 작은 세계에서 산다고 하는 것을
나는 언제나 농담으로 받아들입니다.
일반적인 사람은
발을 내딛기도 어려운 저편 너머에
정말 아름답고 커다란 세계가 있기 때문이죠."

― 동물학자, 교수 **템플 그랜딘** 1947~

for the people 28+
다른 방식으로 세상을 독해한 소녀

1947년 미국 보스턴에서 태어난 템플 그랜딘Temple Grandin이 자폐아 진단을 받은 건 세 살 때다. 의사로부터 딸이 평생 특별보호시설에서 지내야 한다는 이야기를 들은 그랜딘의 어머니는 그녀를 곧장 이모의 농장으로 데려갔다. 그곳에서 난생처음 소를 본 그랜딘은 공포에 사로잡혔지만, 두려움은 점차 호기심으로 바뀌었다. '거대한 동물'이었던 소는 '소고기' 같은 일상적 이미지를 거치면서 친근한 대상이 되었고, 그랜딘은 마침내 자신이 소와 같은 방식으로 세상을 인지한다는 걸 깨달았다. 동물친화적 축산설비 설계자이자 동물학자로서 이력을 갖게 된 배경이다.

자신을 포기하지 않은 어머니와 훌륭한 선생들의 도움으로, 보통 아이들과 함께 초등과정을 마친 그랜딘은 햄프셔컨트리스쿨, 프랭클린피어스컬리지를 거쳐 1975년 애리조나주립대학에서 동물학 석사학위를 받았다. 자폐인 연구의 기념비적인 저작 『어느 자폐인 이야기』는 1989년 일리노이대학에서 동물학 박사학위를 취득하기 전 출간되었다. 다니엘 파울 슈레버가 『한 신경병자의 회상록』으로 무너져가는 편집증자의 내면을 가시화한 것처럼, 『어느 자폐인 이야기』에서 그랜딘은 보통사람들과 다른 감각으로 세상을 독해하는

TEMPLE GRANDIN

자폐인의 내면을 기술한다. 교회 가기 전 머리감기가 쇠골무로 문지르는 것처럼 싫었던 기억, 속옷 봉제선이 핀처럼 살갗을 찔렀던 느낌, 헤어드라이어 소리가 제트기 이륙하는 소리처럼 귀청을 뚫고, 전화벨 소리가 생각을 토막내고, 두 사람 이상이 하는 말은 이해할 수 없기에 사람들로 북적대는 곳이 짜증스럽던 심경. 자폐인의 언어, 사고, 감각체계를 설명하는 그랜딘의 덤덤한 자기고백은, '제멋대로 구는, 소통불능의, 자라지 않는 아이'라는 자폐인에 대한 세간의 인식이 '다른' 것에 대한 몰이해에서 비롯된 것임을 깨닫게 해주었다.

"나는 그림으로 생각한다"

동물학자로서 그랜딘의 특이성은 자폐인의 사고체계를 동물과 연결시켰다는 점이다. 『동물과의 대화』에서 그랜딘은 "동물과 자폐인은 사물에 대한 자신의 개념을 보지 못한다. 그들은 보이는 그대로만 볼 뿐이다. 우리 자폐인은 세상을 이루는 작은 것 하나하나를 본다. 그러나 정상인들의 눈에는 그 작은 것 하나하나가 흐릿하게 하나가 돼 일반화된 개념의 세계로 보인다"고 말한다. 사람이 '언어적 사고'를 하는 반면 자폐인과 동물은 '시각적 사고'를 한다는 주장이다.

학창시절 그랜딘은 '졸업'이라는 말뜻을 이해하지 못했다. 그녀는 문, 창문, 대문 등을 걸으며 삶의 단계를 지나는 것을 직접 해보고 나서야 비로소 의미를 체득할 수 있었다. 세 겹으로 된 창문 사이에 끼어 유리가 깨지지 않도록 조심스럽게 밀고 당겨 간신히 빠져나왔던 경험은, 부서지기 쉽기에 그만큼 주의를 기울여야 하는 '인간관계'라는 관념을 알게 해주었다. 그랜딘은 자신이 세계를 해독하는 방식을 이렇게 설명했다. "나는 그림으로 생각한다. 언어는 나한테 외국어와 같다. 말을 듣거나 글을 읽으면 나는 사운드까지 완벽하게 갖춰진 총천연색 영화로 번역해서 머릿속에서 비디오테이프를 돌리듯 돌린다." 그녀에 따르면, 동물도 자폐인처럼 세계를 본다. 동물과 자폐인은 같은 뇌를 공유한다. 이는 그랜딘이 "동물을 자극과 반응만이 존재하는 기계"로 파악하는 스키너의 행동주의 심리학을 비판한 지점이기도 하다.

동물의 관점을 장착한 템플 그랜딘은 목장과 도축장에서 다른 사람들이 해결하지 못한 문제들을 풀어냈다. 사람들에게 지극히 사소해 보이는 바닥의 조그만 그림자, 금속 표면의 반사광 같은 것이 동물을 얼마나 민감하게 만드는지 누구보다 잘 알았기 때문이다. 30여 년간 육류산업에 종사하면서 그녀가 동물에게 고통을 덜 주도록 고안한 '중앙궤도형 도축장치'는 오늘날 미국 도축장 절반이 사용하고 있다.

자폐인과 동물을 동일선상에 놓은 그랜딘의 아이디어가 가축들에게만 유용했던 건 아니다. 소떼들이 제 몸을 압박하는 '보정 틀'

에 들어가서는 뜻밖에도 매우 차분해지는 것을 목격한 그랜딘은, 자신에게 맞는 보정 틀을 만들어 불안하거나 우울할 때마다 사용해 효과를 보았다. 이렇게 만들어진 '허그 머신'은 자폐인용 압박치료기로 널리 쓰이고 있다.

하나의 사건, 목격자 수만큼의 진실

관점觀點은 사물이나 현상을 관찰할 때, 그 사람이 보고 생각하는 태도나 방향 또는 처지를 말한다. 대상을 판단할 때 필연적으로 주체의 판단과 가치관이 개입할 수밖에 없다는 뜻이다. 따라서 사물은 관점에 따라 다른 형태를 취할 수밖에 없는데, '장님 코끼리 만지듯 한다'는 속담은 이러한 특성을 한마디로 압축한다.

독일의 철학자 프리드리히 니체는 관점의 다양성, 불확정성을 이론화하여 관점주의perspectivism로 발전시킨다. 니체에 따르면 세상은 끊임없이 생성하고 변화힌다. 그런데 시람들온 변화 무쌍한 '생성의 세계'를 마치 변화하지 않는 것처럼 가공하고 고정한다. 이른바 '인식'이다. 따라서 세계에 대한 인식과 해석은 필연적으로 진실의 일부일 수밖에 없다. 더욱이 인식은 개개인의 이익을 반영하기에, 이에 기반한 관점은 객관적이기는커녕 세계에 대한 지극히 주관적인 해석에 불과할 수밖에 없다. 이와 같은 관점의 불완전성, 가변성 안에서 니체는 소크라테스 이후 줄곧 주장돼온 보편적·객관적·절대적 진리, 선형적인 역사와 이야기를 반박한다.

일본 영화감독 구로사와 아키라의 〈라쇼몽〉은 관점주의를 영화적으로 재현한다. 폭풍우 치는 어느 날 밤, 세 명의 여행자가 폐허가 된 절에 모여든다. 불을 지피고 둘러앉은 세 사람은 숲에서 목격한

한 부부와 도둑에 관한 이야기를 나눈다. 하지만 각각의 이야기는 하나로 수렴되지 않는다. 한 사람의 진술은 곧바로 다른 사람의 진술에 의해 번복되며, 영웅은 무자비한 범죄자로 바뀌고, 죄 없는 피해자였던 사람은 비겁한 겁쟁이로 드러난다. 하나의 사건에 대해 서로 다른 관점의 사실이 제시되면서 진실은 점점 알 수 없는 것이 돼버린다.

이미지를 펼쳐놓으며 관람자들의 제각각의 관점을 허용했던 서구 회화는 르네상스 시대 원근법을 발전시키면서 관점을 고정하기 시작했다. 그러나 동시에 또다른 시선을 정련하여 회화에 내재했는데, 바로 왜상anamorphosis이다. 그리스어로 'again'을 뜻하는 'ana'와 'shape'을 뜻하는 'morphe'의 결합어인 왜상은 '또 다른 형상' 쯤으로 풀이된다. 시선의 외부에 위치한 왜상은 관람자의 위치, 동작에 의해 형태를 바꾼다. 처음에 의미 없는 얼룩이라고 여겼던 것이 관점을 바꿀 때 새로운 의미로 솟아오르기 때문이다. 한스 홀바인의 '대사들'은 왜상의 좋은 예다. 두 명의 대사들 사이에 오징어뼈 모양의 얼룩이 있다. 원근법적 관점에서 의미화되지 않은 채 자리잡은 얼룩은 '삐딱하게 보는 순간' 둥그런 해골 모양이 된다. 회화에서 해골은 바니타스vanitas(라틴어로 인생무상)로서 유리잔, 깃털 등과 함께 짧고 덧없는 세속적 삶을 상징한다. 관점을 바꾸는 순간 왜상은 현실 속 죽음의 이미지로 떠오르고, 이로써 '대사들'은 메멘토 모리memento mori라는 새로운 의미를 얻는다.

관점에 따라 형태를 달리하는 왜상 이미지는 많은 철학자들에게 영감을 주었다. 자크 라캉은 '대사들'을 경유해 시각과 응시 개념을 정립했다. 슬라보예 지젝은 현실에 길게 드리워진, 그러나 일반적인 시각장 안에서는 보이지 않는 얼룩 ―체르노빌 사건처럼 '평화롭고

안전한 사회'라는 환상을 무너뜨리는 파국적 상황—을 '실재'로 정의하고 그 의미와 가능성을 탐구했다. 라캉주의 입문서 『삐딱하게 보기』는 그 결과물이다.

어느 자폐인 이야기
템플 그랜딘 저, 박경희 역, 김영사, 2011.

템플 그랜딘의 자서전이자 자폐인 내면의 목소리를 기술한 최초의 책이다. 자폐증에 대한 자세한 정보는 물론, 자폐인들에 대한 세간의 인식이 다른 것은 편견과 몰이해에 불과한 것임을 드러낸다. 저자는 '자기만의 세계에 틀어박힌 채 평생 성장하지 않는 아이'라는 의미의 자폐아가 자폐인으로 교정되어야 한다고 말한다.

삐딱하게 보기
슬라보예 지젝 저, 김소연·홍제희 역, 시각과언어, 1995.

프로이트와 함께 서구 정신분석학의 양대 산맥을 이루고 있는 라캉의 정신분석 이론에 대한 입문서다. 복잡하고 난해하기로 정평이 난 라캉의 욕망, 무의식, 환상, 쾌락, 이데올로기 등의 이론을 영화, 펄프 등 다양한 하위문화를 끌어와 명쾌하게 설명한다.

for the people 29

지구가 두꺼운 책이라면

"저 남자 돌았나봐."

"물고기나 잡지 기계통을 짊어지고 뭐하는 거야?"

수심 0.8m
장난친 벌로 호수 바닥을 청소했다
온몸을 부드럽게 어루만지는
물의 느낌이 정말 좋다

스물여섯 살
교통사고로 날개 뼈를 다치고
곱사가 된 몸

하지만
바닷속을 훨훨 날고 싶은
꿈

수심 18m
공기 없이는 버티기 힘든 물속
인간의 발길을
쉽게 허락하지 않는 바다

1943년
세계 최초로 만든 현대식 스쿠버 장비
하지만
'잠수하자마자 숨이 막혀 헐떡거렸다.
발명품은 실패였다.'

5개월 후 재도전

수심 10m
40분 잠수

500여 번의 연습 끝에
수심 40m 잠수

**어린 시절, 꿈속에서 난 푸른 돌고래였다
내 꿈은 현실이 되었다**

그러나
수심 70m
유물 발굴 작업중
숨진 동료

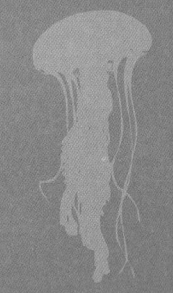

사람의 목숨을 위태롭게 하는 탐험이
과연 가치 있는 일인가?

절망에 빠진 남자를 구해낸 건
더 깊은 바다

"지구가 두꺼운 책이라면
우리가 살고 있는 땅은 얇은 종이에 불과하다.
나머지 수백, 수천 장의 공간은
바닷속에 펼쳐져 있다."

수심 100m
해저주택을 만들고 3주간 거주

수심 600m
바닷속의 반딧불이
동물성 플랑크톤

수심 1,100m
눈앞을 스쳐 지나간 피그미 상어

SF소설에 그려진
미지의 세계를 카메라로 기록한 사람

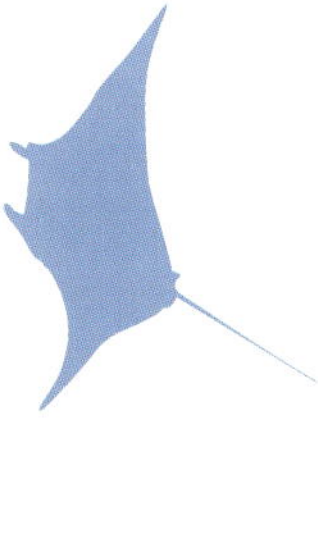

1956년 대형 스크린에 펼쳐진
세계 최초의 해저 다큐멘터리
〈침묵의 세계〉

칸영화제 황금종려상
아카데미 최우수다큐멘터리상 수상

"어린 시절, 제 눈에는
세상이 공상과학으로 가득 찬 것 같았습니다.
예전에는 상상도 못할 장면들이었죠.
쿠스토는 우리에게
경이로운 지구를 보여주었습니다."

— 제임스 카메론(영화감독)

'매일 아침 깨어나 말한다.
아직도 살아 있구나. 이건 기적이야.'

인류에게 최초로
바다세계를 보여준
프랑스의 해저탐험가
자크이브 쿠스토 1910-1997

for the people **29**＋
물고기의 자유를 얻은 최초의 인류

　1910년 프랑스 남서부 지롱드 주 생탕드레드큅자크에서 태어나 1930년 해군사관학교에 입학할 때까지만 해도 자크이브 쿠스토 Jacques-Yves Cousteau는 물 밖의 것들에 더 관심이 많았다. 1932년 소위로 임관한 후에는 세계일주 항해에 나섰고, 파일럿이 될 작정으로 해군 항공대에 지원하기도 했다. 그러나 1936년 교통사고로 인해 부득이 꿈을 접어야 했다.

　이 시기 쿠스토는 인생의 항로를 바꾸게 만든 동료 두 명을 만난다. 해군장교 필리프 타이에즈와 잠수부 프레데릭 뒤마다. 두 사람을 통해 수중세계에 입문한 쿠스토는 틈날 때마다 함께 잠수를 즐겼고, '바다의 삼총사'는 마침내 의기투합하여 새로운 잠수장비 개발에 착수했다.

　잠수와 잠수장비에 대한 최초의 기록은 BC 325년 알렉산드로스 대왕이 밧줄에 매단 유리통에 들어가 바다구경을 한 것이다. 이후 19세기까지 약 2,000년 동안 잠수기술은 이렇다 할 진전 없이 답습되었다. 미국 무성영화 〈항해자〉는 과거 잠수부들의 애환을 코믹하게 재현하고 있다. 주인공 버스터 키튼은 공기 튜브가 연결된 커다란 잠수복을 입고 바다에 들어가 거대 문어 등 해양생물과 격투

JACQUES-YVES COUSTEAU

를 벌이는데, 무거운 장비와 배와 연결된 튜브 때문에 곤란을 겪는다. 잠수부의 활동을 제한하던 '규제'는 20세기 초 스쿠버SCUBA(자급식 수중 호흡 장비Self-Contained Underwater Breathing Apparatus)와 물갈퀴가 보편화되면서 완화되었다. 그리고 1943년 쿠스토와 기술자 에밀 가냥이 기존의 장비를 혁신한 '아쿠아렁aqua-lung'을 선보임으로써 인류는 비로소 물고기의 자유를 얻을 수 있었다. "아쿠아렁을 메고 별별 몸짓을 다 해보았다. 앞으로 뒹굴면서 공중제비도 해보았고, 나무통이 구르듯 옆으로도 굴러보았다. 거꾸로 물구나무를 서서 땅바닥에 손가락 한 개만 짚고 서서 킥킥 터져나오는 웃음을 참아내느라고 무척이나 애를 먹었다"는 것이 장비를 시연한 쿠스토의 소감이었다.

개발과 보존 사이의 쿠스토

제2차 세계대전 후 쿠스토는 프랑스 해군소속 해저탐사부대GRS의 요직에 발탁되었다. 수중폭발, 기뢰제거, 수중탈출, 해저인양 등 군사관련 임무가 주요활동이었지만 그의 관심은 온통 전쟁중에 경험한 수중촬영 기술개발에 쏠려 있었다. 해군의 지원을 받아 다큐멘터리를 제작하기도 했던 쿠스토는 1950년 해양탐사선 칼립소 Calypso를 구입해 본격적으로 해양과 레저문화를 개척했다.

그리스어로 '감추는 여자'라는 뜻의 칼립소는 전설의 섬 오기기아에 살던 티탄족 아틀라스의 딸이다. 트로이전쟁이 끝나고 귀향길에 올랐다가 폭풍우를 만나 오기기아에 불시착한 오디세우스를 사랑하여, 그의 마음을 사로잡기 위해 부와 권력을 약속했던 칼립소는 쿠스토에게도 동일한 것을 안겨주었다. 초창기 칼립소와 함께 전 세계를 누비며 난파선 유물인양, 정부의 요청에 따른 해양자원 탐사, 석유회사의 의뢰로 해저유전이나 송유관 건설 관련탐사 등의 일을 전전하던 쿠스토의 이름은 1953년 다큐멘터리 〈침묵의 세계〉가 개봉하면서 전 세계에 회자되었다. 훗날 〈사형대의 엘리베이터〉 등 문제작을 내놓는 영화감독 루이 말이 촬영한 〈침묵의 세계〉는, 획기적인 방식으로 바닷속 생태계를 조망하여 관객의 마음을 사로잡았다. 아카데미 최우수 다큐멘터리상, 제9회 칸영화제 황금종려상을 수상하는 등 작품성도 인정받았다. 그러나 물고기 수를 파악하겠다고 산호초 틈에서 다이너마이트를 터트리고, 배의 프로펠러에 몸을 다친 새끼고래를 총으로 쏴 죽이는 등 환경 불화적인 촬영행태는 비난의 대상이 되었다. '환경주의자'라는 타이틀을 놓고 쿠스토에 대한 갑론을박이 벌어지는 이유다.

쿠스토의 해양다큐멘터리는 20세기 중반 대두되었던 환경보호운동과 만나 대중의 인식을 쇄신하는 데 큰 공을 세웠지만, 그는 그린피스 활동에 노골적인 반감을 드러냈다. 프랑스의 핵폐기물 해양투기에 반대하는 한편으로 해저매립지 선정을 위한 용역을 담당하기도 했다.

'세계적으로 가장 유명한 프랑스인 중의 프랑스인이자 프랑스 내 유명인 중의 유명인' 쿠스토의 비즈니스는 1960년대에 접어들면서 심해탐사와 개발로 확장되었다. 바다를 인간이 거주할 '또 하나의 개척지'로 여긴 쿠스토는 미국의 의뢰를 받아 해저탐사정 '딥 스타'를 제작하고, 프랑스 정부의 지원 아래 해저주택 '물거미 프로젝트'를 추진했다. 하지만 우주탐사와 마찬가지로 천문학적 비용 대비 실용성 측면에서 의심받던 쿠스토의 계획은 1971년 폐기되었다.

상상한 모든 것은 현실이 된다

경이와 공포의 대상으로서 바다는 여러 신화와 전설을 낳았다. 아름다운 노랫소리로 뱃사람들을 홀리는 세이렌Sirens과 반인반어 인어 이야기는 잘 알려져 있다. 북유럽 근방에는 크라켄Kraken 전설이 유명하다. 노르웨이어로 '무서운 괴물'이라는 의미의 크라켄은, 아이슬란드와 노르웨이 근해에 자주 출몰하여 긴 다리와 거대한 흡반으로 배를 붙잡고 승선원을 죽음에 몰아넣은 바다생물이다. 크라켄에 대한 최초의 기록은 18세기 노르웨이 신부 에릭 폰토피단의 것으로, 오징어를 닮은 커다란 생물이 먹물을 흩뿌려 바다를 온통 검게 물들였다고 적고 있다. 한때 뱃사람들을 두려움에 떨게 한 미지의 대상이었지만 지금은 대왕오징어로 정체가 탄로난 크라켄은, 할리우드 영화 〈캐리비안의 해적-망자의 함〉에 등장해 주인공 잭 스패로우를 집어삼키기도 했다.

신비로운 바다생물에 대한 경탄과 호기심은 프랑스 작가 쥘 베른이 1870년에 출간한 소설 『해저 2만리』로 이어진다. 세계 곳곳에서 바다괴물이 출몰해 선박에 피해를 입히자 미국 정부는 링컨 호

를 준비해 탐험에 나선다. 바다생물학의 거장 피에르 아로낙스와 조수 콩세유, 작살 전문가 네드가 링컨 호에 올라 괴물과 싸우던 중 바다에 빠진다. 이들을 구조한 이는 잠수함 노틸러스Nautilus 호의 네모 선장이다. 세 사람은 노틸러스 호에서 대왕오징어와 싸우는 등 모험을 펼치는데, 이때 무한 잠항이 가능한 잠수함, 해저도시, 입체영상, 기기묘묘한 해저생물 등 바닷속에서 벌어질 수 있는 '거의 모든 것'이 등장해 심해에 대한 인간의 동경을 자극했다. 여기에 마음을 빼앗긴 쿠스토는 '물거미 프로젝트'를 발동했고, 일본과 한국은 애니메이션 〈신비한 바다의 나디아〉 〈빛돌이 우주 2만리〉 등을 제작해 오마주를 바쳤다.

일각에서는 잠수함에 대한 욕망을 불태웠다. 쥘 베른이 이름을 빌린 노틸러스 호는 1800년 미국의 공학자 로버트 풀턴이 프랑스에서 건조한 잠수정인데, 소설과 달리 인간의 근력에 의존한 수동식 기기였다. 최초의 동력 추진 잠수함은 1846년에 선보였다. 이후 발전을 거듭하여 1861년 전기추진식 잠항이 가능한 단계에 진입하면서 해군력의 중요한 부분을 차지하지만, 공기와 전력을 보급하기 위해 자주 부상해야 하는 바람에 적에게 위치가 노출되는 문제점이 있었다. 1954년 1월 21일 미국의 잠수함 SSN-571 노틸러스는 기존의 잠수함 개념을 바꿔놓았다. 가압수형 원자로를 장착하여 물을 전기분해해 산소를 공급하고, 한 번 주입한 연료로 15만 해리를 주파하면서 무한 잠항을 시전했다. 노틸러스는 1958년 빙산으로 가득한 북극점 바다 밑을 통과해 최초로 북극해를 잠항횡단하는 기록을 세웠다.

현대문명을 떠받치는 다양한 발명품들은 한때 허황된 꿈일 뿐이라고 조롱받았다. '상상공학'은 허황된 꿈에 막대한 자본과 첨단기술을 결합하여, 희미한 가능성을 실재적 형상으로 구현하는 과학 분야를 지칭한다.

BOOK

해저 2만리
쥘 베른 저, 김석희 역, 열림원, 2007.

프랑스 작가 쥘 베른이 1869년에 쓴 고전 과학소설이다. 과학기술의 발달로 전 세계 무수한 전설과 신화들이 사실의 영역에 편입되었지만, 상상력이 부려놓은 바다의 신비, 그 속에서 펼쳐지는 박진감 넘치는 모험의 쾌락은 수세기가 지난 오늘날도 바래지 않는다.

FILM

신비한 바다의 나디아
안노 히데아키, 일본, 1990.

1990~1991년까지 총 39화로 방영된 일본 TV 애니메이션으로, 〈신세기 에반게리온〉의 안노 히데아키가 감독했다. 쥘 베른의 『해저 2만리』 위에 '소년·소녀의 성장과 SF적 세계관'이라는 감독의 취향을 듬뿍 덧입혔다.

for the people 30

이상한 창문

창문에 대한 당신의 권리
나무에 대한 당신의 의무

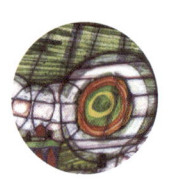

1973년
이탈리아 밀라노
갑작스런 나무 권리 찾기에 나선
한 남자

어린 시절 겪은 유대인 강제이주
일가친척 69명의 몰살
전쟁이 앗아간 고향과 가족

그때 소년이 목격한
자연의 생명력

"농장에서 일할 때 풀이 얼마나 푸르고
땅이 얼마나 진한 갈색을 띠는지 보았다.
그때 나는 화가가 되기로 결심했다."

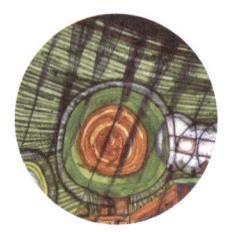

그의 그림에 나타나기 시작한
자연과 생명의 순환을 상징하는
'나선'

그리고
그의 그림에서 절대 볼 수 없었던
'직선'

"직선은 자연스럽지 못하다.
직선은 우리가 자연의 일부라는 사실을
잊게 만든다."

© 훈데르트바서 비영리재단

당시 유럽 건축물을 지배한 것은
획일주의와 합리주의가 만들어낸
'직선'

"예술을 위한 예술이 일탈이라면
건축을 위한 건축은 범죄다."

이후 그가 한 것은
시위
연설
포스터 제작
그리고
그가 늘 주장한 '권리'

팔이 닿는 만큼 창문과 외벽을 개조해
'저곳에는 자유로운 사람이 살고 있다'는 것을
알 수 있도록 해야 한다

창문권 Window Right

식물이 자랄 땅을 빼앗아 집을 지었으니
옥상과 집 안에 나무들의 공간을 마련해야 한다

나무 세입자권 Tree Tenant Right

© 훈데르트바서 비영리재단

1985년
오스트리아 빈 뢰벤 가 모퉁이

서로 다른 삐뚤빼뚤한 창문
울퉁불퉁한 바닥
인간과 함께 사는 나무 세입자
직선 없이 흐르는 집

설계자의 이름을 딴
'훈데르트바서 하우스'
HUNDERTWASSER HAUS

"나는 이 지상에
파라다이스를 만드는 일이
얼마나 간단한지 보여주고 싶었다.
혼자 꿈꾸면 그건 한갓 꿈일 뿐이지만,
모두가 함께 꿈을 꾸면,
그것은 새로운 출발이 된다."

— 훈데르트바서 1928-2000

© 훈데르트바서 비영리재단

for the people 30+
오스트리아에 내린 '평화와 비'의 은총

1928년 오스트리아 빈에서 태어난 훈데르트바서Hundertwasser는 명실공히 오스트리아의 가장 유명한 화가 중 한 명이자, 가는 곳마다 논란의 중심에 선 생태주의 건축가다. 미술학교 에콜데보자르를 뛰쳐나와 파리에서 보낸 결정적인 시간들, 꾸준히 이어진 전시회와 강연, 성명서와 퍼포먼스로 쌓인 정신없는 커리어 덕분에 그의 명성은 1960년대 말 이미 확고해졌고, 1975~1983년 전 세계 미술관을 순회하면서 영원해졌다.

본명은 프리드리히 스토바서Friedrich Stowasser이며 1949년 훈데르트바서로 개명했다. 스토바서가 러시아 등 슬라브어권에서 '100(독일어로 hundert)'을 뜻한다는 데에서 착안한 것이다. 이후로도 그는 몇 차례 이름을 바꾸는데, 1961년 일본에 있는 동안에는 프리드리히 대신 프리데리히Friederich를 사용했고, 한창 배ship에 빠져 있던 베네치아에서는 프리덴스라이히 훈데르트바서 레겐탁Friedensreich Hundertwasser Regentag이라는 긴 이름을 채택했다. '평화의 제국과 비 오는 날 사이의 훈데르트바서'라는 뜻이다.

어린 시절 훈데르트바서의 운명을 이끈 건 '유대인'이라는 혈통이었다. 1929년 아버지가 전쟁중 사망한 후 유대인 어머니와 유년기

HUNDERTWASSER

를 보낸 훈데르트바서는, 1938년 오스트리아가 독일에 합병되면서 오베르 도나우스트라세에 있는 외가로 강제이주된다. 그러던 중 제2차 세계대전이 발발했고 히틀러의 유대인 탄압정책에 따라 외할머니와 친척 69명이 몰살당했다. 훈데르트바서 모자母子는 게토에 격리되었다. 게토를 둘러싼, 죽음의 냄새를 풍기는 무채색 수직건물, 그 틈새를 기어이 비집고 자라는 푸르른 식물에서 훈데르트바서는 자연과 생명의 경이로움을 보았다. 직선에 반대한 건축가, 순환의 나선형을 사랑한 미술가, 자연보호에 앞장선 생태주의자 훈데르트바서의 철학적 출발점이다.

"하늘과 평행을 이루는 것들은 자연에 속한다"

1954년 파리의 파체티갤러리에서 열린 전시회에서 "직선은 인간성 상실로 이어진다"고 선포한 이래 훈데르트바서의 직선반대 성명은 주기적이고 반복적으로 등장한다. 그 중 가장 유명한 것은 1958년 7월 4일 '합리주의 건축에 반대하는 곰팡이 성명서'다. 당시 오스트리아 건축계는 아돌프 로스의 절대적인 영향력 아래 놓여 있었다. 드레스덴에서 건축을 배운 뒤 도미하여 시카고파의 기능주의 건축양식을 익히고 돌아온 로스는 빈을 무대로 근대 합리주의에 입각한 건축활동을 전개했다. 그는 "장식은 범죄"라고 선언했고, 합리주의 건축은 로스의 메시지를 교리처럼 받아들였다.

그러나 훈데르트바서는 "직선은 무신론적이고 비도덕적"이라면서 로스의 권위에 정면도전하고 건축에 대한 보편적인 자유를 주장했다. 건축가와 석공, 거주자가 삼위일체가 되어 집집마다 "곰팡이를 만들고 구조를 발효시켜서 집에 있는 직선을 폭파해야 한다"는 것이다. 훈데르트바서의 반反합리주의 주거철학은 이후 '나체연설' '로스에서 멀어지라 성명서' 등을 거쳐 1972년 '창문에 대한 당신의 권리-나무에 대한 당신의 의무'로 정련된다. "자유로운 자연은 빗방울과 눈송이가 떨어지는 곳이라면 어디든 번창할 수 있어야 한다. 겨울에 하얀 곳은 여름에는 푸르러야 한다. 하늘과 평행을 이루는 것들은 자연에 속한다. 거리와 지붕 위 옥상에도 나무를 심어야 한다. 읍내건 도시건 숲의 공기를 마실 수 있어야 한다."

'나무 세입자권'은 훈데르트바서의 '피부론'에 근거한다. 그는 인간을 외부로부터 보호하는 다섯 개의 피부가 있다고 보았는데, 표피, 의복, 인간의 집, 사회적 환경과 정체성, 글로벌 환경과 생태주의다. 표피와 옷의 확장으로서 집은 사회적 환경과 인간의 정체성을 구성하며, 인간은 집을 짓는 동안 거주지를 빼앗긴 자연의 자리를 집 안에 마련해야 한다는 것이 훈데르트바서의 생각이었다. 1985년 빈 시당국이 결정하고 훈데르트바서가 설계한 공동주택 '훈데르트바서 하우스'는 그의 이상적 비판이 현실세계와 접속한 성공적인 사례다.

인간의 삶에서 자연적 순환을 재건하고, 건축과 환경의 실질적

접점을 찾은 훈데르트바서는 이제 자연을 구하기 위한 전 지구적 운동에 몸을 맡긴다. 워싱턴 환경교육 센터에 '노아의 방주 2000 — 당신은 자연의 손님이다 — 올바르게 행동하라' 포스터를 증정한 것을 시작으로, '고래를 살리자' '바다를 살리자' '대중교통을 이용하자' '나무를 심자' 등 적시에 주어진 상황의 시급성에 따라 수많은 포스터를 제작했다. 자연 외부에 존재하는 것은 아무것도 없고, 완벽한 자연주의야말로 인류가 받아들여야 할 명제라고 믿었던 예술가가 할 수 있는 최선의 실천이었다.

꽃과 삽을 무기로 삼은 전쟁

게릴라 가드닝guerrilla gardening은 불법이나 무법으로 남의 땅과 공유지에 식물을 가꾸는 행위다. 2004년 영국의 회사원 리처드 레이놀즈는 세 들어 살던 10층짜리 아파트 단지 앞의 쓰레기로 가득한 화단에 꽃나무를 심고, 성상과정을 블로그에 연재하기 시작했다. 이후 웹사이트(guerillagardening.org)를 타고 퍼지기 시작한 게릴라 가드닝은 현재 전 세계 30개국 게릴라 가드너들이 함께하는 거대한 프로젝트가 되었다. 이들은 5월 11일을 '세계 게릴라 가드닝의 날'로 정하고 곳곳에서 시위를 전개한다. 시위방법은 쓰레기통 옆에 화분을 들이거나, 보도블럭 틈새에서 근근이 살아가는 잡초에 작은 울타리를 만들어주거나, 폭력에 희생된 사람과 장소를 기리기 위해 꽃을 심거나, 산업화된 농업에 대한 먹을거리 투쟁을 벌이는 등 다양하다. 스티로폼 상자나 고무대야에 채소를 키워 먹는 '한국식 텃밭'도 훌륭한 게릴라 가드닝이다. 버려진 땅을 생명이 넘치는 공간으로 재탄생시킨다는 점에서 생태주의 운동의 한 가지로 볼 수 있지만, 도시생활의 전통적인 의미에 도전하고, 물질과 신속함에 매몰된 의식과 삶의 패턴을 바꾼다는 점에서 게릴라 가드닝은 새로운 형태의 사회운동이다. "지금까지의 공원들이 큰 상위 계획에서 아래로 내려오며 구체화된 결과물이라면, 게릴라 가드닝은 작은 의지들이 모여서 공간을 점유하고 정원을 꾸미기 시작해서 위로부터 인정을 받는 형태다. 혁명에 비유하자면 위로부터의 혁명이 아닌 아래로부터의 혁명인 것이다."

서울시 마포구에 자리한 성미산은 북한산에서 한강으로 이어지는 생태축에서 중요한 역할을 담당한다. 서울시가 구분한 친환경생물서식공간인 비오톱Biotope 1등급 지역으로 오색딱따구리, 박새, 꾀꼬리 등이 서식하고 있어 생태적 가치도 높다. 2006년 홍익재단은 성미산의 체육시설부지와 공원화 예정부지 등을 포함한 약 5만 9,504m^2를 매입했다. 그리고 성미산 일부 사유지 용도를 체육시설부지에서 학교부지로 변경해 달라고 서울시에 요청해, 2009년 확정했다. 이듬해 재단은 서울시교육청으로부터 학교건축을 승인받아 공사를 시작했다. 성미산 인근 주민들이 이에 항의하자 서울시는 "시의회 시정 질의에서 주민들과 충분히 상의하고, 만일 협의가 여의치 않을 때는 대체부지 마련을 위해 노력하겠다"고 답했다. 그런데도 홍익학원이 성미산 공사를 강행하자 주민들은 '홍익초·중·고교 성미산 이전반대 대책위원회'를 구성하여 시위에 들어갔다. 성미산대책위원회가 공사에 반대하는 이유는 성미산 생태계를 보전하고, 사립학교인 홍익초등학교가 들어서면서 발생할 교육양극화를 막기 위해서다. 성미산 인근 성서초등학교 등하굣길에 공사차량이 오가면서 아이들의 안전을 위협한다는 것도 중요한 반대사유다. 성미산대책위원회는 서울시가 홍익재단의 성미산 사유지를 매입해 자연생태공원으로 유지하고, 홍익재단은 생태파괴를 최소화할 수 있는 대체 부지를 마련해 초·중·고 학생들이 학습권을 누릴 수 있도록 해달라고 촉구하고 있다. 서울시가 성미산 남사면 땅을 체육시설부지에서 학교시설부지로 용도변경한 것에 대해서도 재고를 요청한 상태다.

성미산 주민들이 서울시와 홍익재단을 압박하는 수단은 게릴라 가드닝이다. 2003년부터 서울시의 성미산 훼손에 저항하기 위해 시작한 나무심기 행사는 매해 4월 초, 식목일을 전후로 열리고 있다. '성미산 전체의 생태공원화'가 궁극적 목표다.

게릴라 가드닝
리처드 레이놀즈 저, 여상훈 역, 들녘, 2012.

저자가 집 앞 공터에 꽃나무를 심는 일로부터 출발한 게릴라 가드닝의 의미와 결과, 전 세계에서 도시의 버려진 땅을 개간하여 꽃을 피우려는 게릴라들의 전투와 유의미한 변화들이 기록돼 있다.

훈데르트바서
피에르 레스타니 저, 박누리 역, 마로니에북스, 2010.

살아생전 훈데르트바서가 주장한 '피부론'에 따라 장을 나누고, 그에 부합하는 일화들을 모아 훈데르트바서의 '거의' 전 생애를 훑고 있다. 화가이자 건축가, 생태주의자였던 훈데르트바서의 파란만장한 삶, 돌발적인 면모를 큼직한 이미지와 함께 유려하게 펼쳐 놓는다.

이 도서의 국립중앙도서관 출판도서목록(CIP)은 e-CIP홈페이지(htp://www.nl.go.kr/cip.php)에서 이용하실 수 있습니다. (CIP제어번호: CIP2013003704)

© EBS 2013
All rights reserved

1판 1쇄 2013년 5월 3일
1판 3쇄 2013년 10월 28일

제작 방송　EBS
지은이　EBS 지식채널ⓒ 제작팀
출판주관　EBS 미디어
펴낸이　김정순
기획　김소영 형소진
책임편집　조영주 김소영
디자인　박대성
마케팅　김보미 임정진 전선경

펴낸곳　(주)북하우스 퍼블리셔스
출판 등록　1997년 9월 23일 제406-2003-055호
주소　121-840 서울시 마포구 서교동 395-4 선진빌딩 6층
전화번호　02-3144-3123
팩스　02-3144-3121
전자우편　editor@bookhouse.co.kr
홈페이지　www.bookhouse.co.kr

ISBN 978-89-5605-651-7 03810

* 이 책은 EBS 미디어와의 출판권 설정을 통해 〈지식채널ⓒ〉를 단행본으로 엮었습니다.
* 본문에 포함된 사진 및 통계, 인용문 등은 가능한 한 저작권과 출처 확인 과정을 거쳤습니다.
그 외 저작권에 관한 사항은 편집부로 문의해주시기 바랍니다.